Visitas A Domicilio 101

El único libro que necesitará para iniciar tu consulta

Dra. Scharmaine Lawson, NP

Publicado por *A DrNurse Publishing House* Nueva Orleans, Luisiana.

Publicado por

La editorial *DrNurse Publishing House*

7041 Canal Blvd., New Orleans, La. 70124

www.DrLawsonNP.com

ISBN: 978-1-945088-39-1

Lib Número de control de la Biblioteca del Congreso: 2015933564

Este libro está impreso en papel libre de ácido.

Impreso en los Estados Unidos de América

Dedicatoria

❦

Querida Skylar Rose, vuestra capacidad de querer a pesar de mis muchos estados de ánimo mientras escribo sigue me mantiene suspendida en el asombro y la adoración total hacia ti.

Querida Abuela, te extraño con toda mi vida y más. Gracias por los recuerdos y tu espíritu permanente, que vive en mí. Tú estarías orgullosa de la mujer en la que me he convertido gracias a tu amor, la crianza y la educación. Me adoptaste a los cuatro meses de edad cuando tenías 60 años y de alguna manera siempre "supiste" que haría algo por mí misma. Me alegro mucho de que hayas creído en mí.

Condiciones de uso

Este libro contiene estrategias de negocio, métodos de marketing y otros consejos de negocios que, independientemente de mis propios resultados y experiencia, pueden no resultados (o ningún resultado) para usted. No hago absolutamente ninguna garantía, expresa o implícita, de que al seguir los consejos a continuación usted de que al seguir los consejos que se dan a continuación usted ganará dinero o mejorará sus ganancias actuales, ya que hay varios factores y variables que entran en juego en relación con cualquier y variables que entran en juego en cualquier negocio.

Principalmente, los resultados dependerán de la naturaleza del producto o modelo de negocio modelo de negocio, las condiciones del mercado, la experiencia del individuo y de situaciones y elementos que están fuera de su control.

Al igual que con cualquier esfuerzo empresarial, usted asume todo el riesgo relacionado con la inversión y dinero en base a su propio criterio y a sus posibles gastos.

Exención de responsabilidad

Al leer este libro, usted asume todos los riesgos relacionados con el uso de los consejos que se dan a continuación, con el pleno entendimiento de que usted, exclusivamente, es responsable de cualquier cosa que pueda ocurrir como resultado de poner esta información en acción de cualquier manera, e independientemente de su interpretación de los consejos.

Además, acepta que nuestra empresa no puede ser considerada responsable de ninguna manera por el éxito o el fracaso de su negocio como resultado de la información presentada en este libro. Es su responsabilidad llevar a cabo su propia diligencia debida de la seguridad y el éxito de su negocio si tiene la intención de aplicar cualquiera de nuestra información de alguna manera a sus operaciones comerciales.

Condiciones de Uso

Se le otorga una licencia intransferible de "uso personal" de este libro. Usted No puede distribuirlo ni compartirlo con otras personas.

Además, no se conceden derechos de reventa ni de marca privada al comprar este libro. al comprar este libro. En otras palabras, es sólo para su uso personal.

Contenido

Prefacio

En mi consulta de Nueva Orleans veo a mis pacientes donde viven, sin importar el lugar. Siempre digo: "No importa dónde estén; si me necesitan si me necesitan, tengo que estar allí con ellos".

Soy culpable de tener un celo misionero por el bienestar de mis pacientes. Como directora general de *Advanced Clinical Consultants* (ACC), una red de proveedores de atención sanitaria a domicilio que llevan la clínica a sus pacientes, me paso el día entero y algo más, viendo y consultando a pacientes de toda la zona de Nueva Orleans, todo ello mientras administro mi creciente negocio sobre la marcha.

Mi camino hacia la práctica de la enfermería de atención domiciliaria (NP) comenzó mientras cursaba mi título de NP en la Universidad Estatal de Tennessee, donde participé en viajes de misión humanitaria a la República Dominicana y Puerto Rico.

Estas experiencias abrieron mi apetito por satisfacer necesidades muy humanas relacionadas con la atención primaria en la comunidad, y para mi propia comunidad, de vuelta a casa en Nueva Orleans.

Decidí tomar mis tablas en Nueva Orleans y establecerme en una práctica en 2002. Desarrollé una pasión por la atención geriátrica y finalmente conseguí un puesto de consultor, trabajando con varios médicos y cubriendo las necesidades de sus consultas.

El germen de la idea que dio lugar a ACC surgió a finales de 2004. Una agencia de atención domiciliaria me planteó la posibilidad de prestar asistencia sanitaria a domicilio como enfermera titulada. Tenía sentido. Pronto empecé a establecer contactos con otros proveedores de atención domiciliaria que conocía. También empecé a crear mis propios formularios, basándome en las ideas que mis colegas compartían conmigo. Poco a poco, me adentré en mi propia práctica, constituyendo ACC como una sociedad de responsabilidad limitada en marzo de

2005.

Por aquel entonces, también empecé a utilizar mi Asistente Digital Personal (PDA) de bolsillo para almacenar los archivos de mis pacientes. Esto me simplificó mucho la vida. De marzo a agosto de 2005, mi consulta pasó de 15 a 100 pacientes. Incluso me instalé en una casa de campo detrás de mi casa.

Luego llegó el 27 de agosto de 2005: El huracán Katrina. Como muchos nativos de la ciudad, mi prometido, su madre y yo cerramos la casa con tablas e hicimos planes para alojarnos en un hotel del norte de la ciudad. Cuando se hizo evidente que el Katrina iba a ser un desastre épico, nos dimos cuenta de que era muy necesario que abandonáramos la ciudad.

Después de evacuar a Texas, una cosa que me de volverse demasiado loco de aburrimiento mientras estaba en el exilio en San Antonio era que me necesitaban, y mi hábito analmente retentivo de mantener mis registros en mi PDA salvó el día para muchos de mis preciosos pacientes. Recibí llamadas de profesionales sanitarios de todo el país que atendían a mis pacientes desplazados. Pude responder a sus preguntas y compartir la información que necesitaban para proporcionarles tratamiento. Así me mantuve involucrada en el cuidado y la vida de mis pacientes, aunque estuviera a cientos de kilómetros de ellos.

Dos meses después de aquella enorme catástrofe natural, en octubre de 2005, volví a casa, a Nueva Orleans, y me encontré con que nuestra casa seguía flotando bajo metro y medio de agua, y que sólo podíamos llegar a ella en barco. Fue algo que me desgarró las entrañas, simplemente devastador, pero al menos estaba de vuelta en casa y podía empezar a ver a los clientes.

Había muchos que necesitaban atención primaria lo antes posible. Viajé mucho en esa época. Muchas, muchas personas mayores necesitaban atención domiciliaria -y mucho más- en ese momento, porque muchas estaban y están confinadas en casa, o incluso en la cama. Tenía que llegar hasta ellos, fuera como fuera. Siempre había una sensación de urgencia en mi paso por los barrios durante esta época porque todo era muy imprevisible. Por ejemplo, no era raro hacer una visita para ver a un anciano y pronto empezar a recibir peticiones de varios familiares que acampaban en la casa esperando conocer las condiciones de sus propios hogares. Familias enteras se vieron desplazadas y confundidas sobre dónde encontrar asistencia sanitaria y dónde surtir las recetas. Aquí fue donde entraron en juego mis habilidades como NP. Mis habilidades estaban muy solicitadas. Me dediqué a visitar a 40-50 pacientes al día.

De alguna manera, esto me permitió olvidar el dolor de haber perdido muchas de mis pertenencias personales. Ayudar a los demás te permite olvidarte de ti mismo. Estas acciones desinteresadas me hicieron centrarme en ayudar al mayor número posible de personas, de la forma que fuera. Tampoco era raro que oyera disparos mientras hacía una visita a domicilio, pero me agachaba, caminaba muy rápido y me colaba en la casa del siguiente paciente.

Mirando hacia atrás, creo que fui bastante

valiente o incluso desquiciada, pero sobreviví para contarlo. Eso es lo que importa. La cuestión es que deberías estar dispuesto a prestar asistencia sanitaria en cualquier lugar si tienes las habilidades necesarias. Diez años después, sigo sintiendo una sensación de urgencia cuando se trata de conseguir que una persona mayor reciba la atención sanitaria que merece y necesita. Me alegro de que el fuego siga ahí. Espero que nunca se vaya. El fuego hace que sea fácil ir a trabajar. Se llama pasión.

Antes de que llegara el Katrina, yo era uno de los tal vez uno o dos médicos y dos PN que hacían visitas a domicilio en Nueva Orleans y era el primer PN que establecía una práctica de visitas a domicilio en el estado de Luisiana. Tras la tormenta, yo lo era. Me puse a trabajar muy rápido prestando asistencia sanitaria a cientos de personas.

También empecé a crear una red con otros proveedores a domicilio -un farmacéutico que entregaba medicamentos, además de un podólogo y un optometrista que también hacían visitas a domicilio- y compartimos pacientes. Estaban tan comprometidos como yo a ir donde se nos necesitaba. Esto significaba viajar a zonas peligrosas donde no había electricidad ni agua corriente, y a veces agujeros en el suelo de las casas. Cuando las aguas y los vientos del Katrina se calmaron, los daños no lo hicieron. He atendido a pacientes en casas muy dañadas, en remolques de la FEMA o en cualquier otro lugar donde me necesitaran. He tratado a pacientes en los tejados, en los porches, en los áticos, incluso en casas desvalijadas hasta los postes, y lo volvería a hacer si fuera necesario.

En la actualidad, ACC atiende a varios miles de pacientes, todos ellos ancianos y discapacitados, y muchos de ellos sólo ganan entre 300 y 400 dólares al mes.

300 o 400 dólares al mes. Están por debajo del umbral de la pobreza. Probablemente veamos a un millar de ellos de forma activa. Y eso no es todo lo que tengo en mi plato, tampoco. Recientemente he fundado una editorial para lanzar mis muchos proyectos literarios. He sido nombrada Héroe de la Sanidad de la revista New Orleans City Business en

2013, y en 2012 entré a formar parte de la prestigiosa *Fellows of the American Association of Nurse Practitioners*. Mientras tanto, sigo sintiéndome como la principal fuente de atención sanitaria para las personas que más me necesitan.

Llevo mucho tiempo queriendo escribir esta serie de libros. Es la primera de varias entregas previstas de los libros *House Call 101*. Cada libro se basa en el anterior e incluye códigos de facturación actualizados y otra información pertinente para los profesionales de las visitas domiciliarias. Mis partes favoritas de esta serie son las historias de los pacientes, porque se trata de pacientes reales que han dado su consentimiento para que se cuenten sus historias. Tanto si es usted nuevo en las visitas domiciliarias, como si es un veterano en este campo, o simplemente lee por curiosidad, este libro incluye algo para usted. Cualquiera que sea la razón por la que ha comprado este libro, espero que se convierta en su referencia sobre las visitas domiciliarias.

Introducción

No me desperté un día con el deseo abrumador de ser propietaria de un negocio o de realizar visitas a domicilio. No era mi intención, pero en algún momento entre el huracán Katrina, la comprensión de que las visitas a domicilio eran realmente un nicho de mercado, y la crianza de mi joven familia, me enamoré de la idea de proporcionar atención primaria en los hogares de las personas. Ahora es mi pasión. Cuando algo te apasiona, quieres contárselo a todo el mundo y entusiasmar a todo el que puedas. Por eso estoy escribiendo este libro.

Mi historia: *Me interesé por las visitas a domicilio por razones personales. Mi abuela me crió, y después de que se pusiera frágil en 1996, necesitaba realmente que alguien la visitara en nuestra casa para proporcionarle cuidados primarios. Tenía 89 años y yo estaba desesperada por obtener ayuda. Sin embargo, en aquel momento no era fácil conseguirla. Habría supuesto una gran diferencia para nosotros. Yo habría podido seguir trabajando y ella se habría ahorrado el ingreso en una residencia. Yo era como la* *mayoría de las personas que intentan encontrar una manera de cuidar a un padre anciano sin utilizar la opción de una residencia de ancianos. Al final, no pudimos evitar el uso de una residencia de ancianos, y sigo creyendo firmemente en la creencia de que, si hubiéramos tenido esa capa de un proveedor de atención domiciliaria, ella podría haber sido capaz de permanecer en el hogar que en última instancia podría haber ampliado su vida y el tiempo conmigo.*

Cuando empecé a buscar información en Internet sobre cómo iniciar una práctica de atención domiciliaria, obtuve, en el mejor de los casos, dos resultados posibles sobre el tema. No había nada disponible para los PN que querían entrar en este negocio, porque muy pocos hacían visitas a domicilio. A día de hoy, puedo encontrar algo más de dos resultados sobre el tema, pero todavía no es mucho. A pesar de lo emocionada que estoy por este interés mío, mi "bebé", tengo que añadir mi perspectiva a los anales de las llamadas a domicilio. Mi objetivo con este libro es informar al lector sobre lo que supone hacer una llamada a domicilio, armarlo con los conocimientos prácticos necesarios para la sostenibilidad del negocio y animarlo a crear una pasión por las llamadas a domicilio tan grande como la mía.

Me encantan las visitas a domicilio, y el privilegio de atender a la gente en sus casas, tanto que a menudo sigo o continúo atendiendo a las personas hasta que mueren. Exacto. Seguiré cuidando y visitando a una persona hasta que muera en su casa y luego en un centro de cuidados paliativos, todo ello en la comodidad de su hogar cuando sea posible. ¿No es esto lo que la enfermería y la medicina hacen? Se nos pide que cuidemos de los vulnerables, los débiles y los desamparados, y no hacer daño hasta que hayamos hecho todo lo posible.

Soy una Enfermera de Familia certificada (FNP), y he escrito este libro desde mi perspectiva como NP celebrando 10 años de una exitosa práctica de atención domiciliaria en Nueva Orleans, Luisiana; por lo tanto, lo he escrito principalmente para las NP, pero muchos de los capítulos son aplicables a otros proveedores de atención médica, como los asistentes médicos (PA) y los médicos (MD) también, porque las NP/PA y los MD utilizan la misma codificación CPT y ICD9 para la facturación y el reembolso. Este libro profundiza en la facturación y codificación de las guardias domiciliarias necesarias para establecer y, lo que es más importante, mantener una práctica de guardia domiciliaria viable; sin embargo, no debe confundirse con un libro de facturación médica. Se discutirán muchas áreas relacionadas con el campo de la medicina a domicilio. Si usted es una enfermera registrada (RN) o una enfermera práctica con licencia (LPN), hay algunas áreas que pueden ser de especial interés para usted, como el capítulo de seguridad, o las historias personales que he incluido, pero las secciones de facturación, codificación y reembolso son únicamente para aquellos proveedores que son capaces de evaluar, diagnosticar, prescribir y tratar las comorbilidades que se ven comúnmente en varios pacientes que están en casa.

La Historia De Las Visitas A Domicilio

Hace varios años, la mayoría de las visitas de médicos y proveedores se hacían en los hogares de los pacientes. No obstante, a medida que la tecnología evolucionaba, los hospitales comenzaron a ofrecer mejores herramientas de diagnóstico y tratamiento. Los equipos de rayos X y las pruebas de laboratorio cambiaron la forma de practicar la medicina. Los profesionales sanitarios empezaron a llevar a los pacientes al hospital para que se beneficiaran de estas herramientas de diagnóstico. Al final, los proveedores instalaron consultorios con estos equipos de alta tecnología y los pacientes acudieron en masa a verlos, y entonces las cosas se volvieron realmente eficientes. Los médicos podían "meter" personas en las habitaciones y ver a 20 o 30 pacientes diarios. Las visitas a domicilio eran menos eficientes, pero algunos médicos seguían intentando satisfacer las necesidades de sus pacientes haciendo visitas a domicilio cuando éstos estaban muy enfermos o confinados en una cama. Ahora, muchos más hospitales están recurriendo a las visitas a domicilio en un esfuerzo por reducir las hospitalizaciones frecuentes y las tasas de readmisión (Emanuel, 2013).

Los costes médicos comenzaron a dispararse a medida que se disponía de pruebas, tratamientos y medicamentos cada vez más caros. En un esfuerzo por reducir los costos, Medicare y la atención médica administrada comenzaron a reembolsar menos por el tiempo de un proveedor y, en cambio, pagaron principalmente por el procedimiento realizado. A medida que los costes médicos de nuestro país seguían aumentando, el reembolso a los proveedores de atención primaria seguía disminuyendo. Ahora, los proveedores se ven obligados a trabajar más días y atender a más pacientes sólo para cubrir los costes de funcionamiento de sus consultas. En la mayoría de los casos, muchos proveedores simplemente no pueden permitirse hacer visitas a domicilio.

> Los pacientes más enfermos no reciben realmente la atención que necesitan. Si sus condiciones empeoran y no pueden ser atendidos lo suficientemente pronto, acaban siendo hospitalizados. La gravedad de sus enfermedades les debilita y hace que necesiten una rehabilitación prolongada en los centros. Muchos de estos frágiles pacientes no se recuperan del todo, y van de un lado a otro entre hospitales, centros de enfermería especializada, centros de rehabilitación y, finalmente, a casa. Las salas de urgencias y las clínicas de cuidados urgentes están abarrotadas de enfermedades urgentes exorbitantes que podrían haberse evitado o, al menos, haber disminuido la gravedad de las mismas. Cada vez con más frecuencia, las salas de urgencias prestan atención no urgente a pacientes que no tienen otro acceso a la atención (Shulman, 2007).

A finales de los años 90, Medicare aumentó el reembolso de las visitas a domicilio. Esto permitió el inicio de las consultas a domicilio, ya que lo que un médico pierde en eficiencia al tener que ir de casa del paciente a casa del paciente, lo ahorra en gastos generales de funcionamiento de una clínica. El verdadero cambio relacionado con el aumento del uso de las visitas a domicilio llegó con la tecnología portátil. Ahora un proveedor puede llevar las herramientas clínicas (radiografías, pruebas de laboratorio, electrocardiogramas y otros diagnósticos portátiles) al domicilio del paciente. Además, con las historias clínicas electrónicas (HCE), un profesional médico puede llevar el expediente médico de cada paciente, lo que facilita la atención de las llamadas urgentes (Shulman, 2007).

Las visitas domiciliarias en la actualidad y la posición de los PN en la salud domiciliaria

Las visitas domiciliarias han vuelto y aportan muchos beneficios, entre ellos que Medicare ahorra dinero de las hospitalizaciones y las visitas a urgencias, los médicos pueden elegir si quieren hacer 10 visitas domiciliarias o ver a 30 pacientes en un consultorio cada día y, lo que es más importante, la atención de calidad puede llegar a los mismos pacientes que más la necesitan. En la actualidad, los proveedores que aceptan la Parte B de Medicare están obligados a gestionar y proporcionar directamente visitas a domicilio cada vez más sofisticadas.

Más del 80% de los estadounidenses mayores de 50 años desean permanecer en sus casas indefinidamente, en lugar de trasladarse a centros de vida asistida o de cuidados, incluso en caso de enfermedad incapacitante. Más del 75% de los adultos de 55 años o más se mudaron a sus actuales residencias antes del año 2000. Los edificios antiguos rara vez incluyen elementos que ayuden a las personas con discapacidad a realizar las actividades de la vida diaria (AVD). Las investigaciones demuestran que las intervenciones ambientales y tecnológicas en los hogares de las personas mayores frágiles ralentizan el deterioro funcional en comparación con la atención domiciliaria sin estas intervenciones, y que estas intervenciones reducen los gastos de atención personal que se utilizarían para atención institucional (por ejemplo, enfermería, visitas de trabajadores sociales; Unwin, Andrews, Andrews y Hanson, 2009).

Las agencias de salud a domicilio y las entidades de cuidados paliativos siguen sin poder aceptar órdenes de servicios de PN o de proveedores no médicos (NPP; según la clasificación de los Centros de Servicios de Medicare y Medicaid) en virtud de la Parte A de Medicare. Aunque hay entusiasmo en el Congreso por conseguir que se solucione este problema, los costes previstos y la falta de un vehículo legislativo han ralentizado el progreso para mover la legislación que corrija este problema (AANP, 2013).

La legislación federal que autoriza el reembolso directo de Medicare a los PN que prestan servicios reembolsables de Medicare entró en vigor el 1 de enero de 1998. Desde esta aprobación del gobierno, los PN han estado proporcionando atención reembolsable a los pacientes como proveedores de la Parte B. En virtud de las disposiciones de esta ley, los PN están autorizados a prestar, ordenar y derivar servicios con sus propios números PIN y UPIN (ahora números NPI). Pueden solicitar fisioterapia, terapia ocupacional y logopedia; facturar como consultores cuando presten servicios a través de la telemedicina; y solicitar y facturar la realización e interpretación de pruebas diagnósticas dentro de su ámbito de actuación.

También pueden facturar por servicios como médicos asistentes en el programa de cuidados paliativos y por servicios "incidentales" a su propio servicio (AANP, 2013).

Medicare ha reconocido la práctica autónoma de las enfermeras registradas de práctica avanzada (APRN, por sus siglas en inglés) durante casi dos décadas, tal como lo permite la ley estatal, y estos profesionales de la salud atienden a la mayoría de los pacientes que requieren atención médica a domicilio. Desgraciadamente, una peculiaridad de la ley de Medicare ha impedido que las APRN firmen planes de atención sanitaria a domicilio y que certifiquen a los pacientes de Medicare para la prestación sanitaria a domicilio. Un nuevo requisito establece que los pacientes deben ver a un médico o APRN en una reunión cara a cara antes de que los servicios de salud en el hogar pueden ser autorizados. La ley actual permite a las APRN cumplir con el requisito cara a cara, pero no les permite firmar el plan de atención final (Conant, 2013).

La ley bipartidista de planificación y mejora de la

salud en el hogar, H.R. 2504/S.1332, se ha presentado en el Senado. La aprobación de esta ley permitiría a todas las enfermeras de práctica avanzada (APN) y a los PA firmar órdenes de salud en el hogar y cumplir con el requisito de cara a cara con Medicare. La promulgación de esta ley hará posible que las enfermeras de práctica avanzada presten los servicios necesarios a sus pacientes de Medicare al permitirles certificar que los pacientes a su cargo son elegibles para recibir servicios de atención domiciliaria. La aprobación de esta legislación reducirá el gasto de Medicare al eliminar los servicios duplicados, al tiempo que mejorará la calidad y los plazos de atención a los beneficiarios (AANP, 2013).

¡Ahora que hemos cubierto la historia y el estado actual de las llamadas a domicilio, ¡comencemos con el negocio de las llamadas a domicilio!

Sección

1

Conceptos Básicos de Negocios

Capítulo

1

Hora de Comenzar

"Estoy convencido de que aproximadamente la mitad de lo que separa a los empresarios de éxito de los que no lo son es pura perseverancia."

—Steve Jobs, cofundador y CEO de Apple

Los Seis Pasos Iniciales

1. Decida el tipo de consulta que va a tener y el nombre del negocio. Al decidir el nombre del negocio, es una buena idea tener un nombre

que esté al principio del alfabeto para que cuando la gente empiece a buscar en la lista de proveedores de atención domiciliaria de las páginas amarillas su nombre será el primero. Otra cosa que hay que tener en cuenta sobre el nombre de tu empresa es lo específico que debe ser. Yo no estaba segura de si quería contratar a otros enfermeros o si iba a seguir haciendo visitas a domicilio, así que me decidí por un nombre amplio. Así nació *Advanced Clinical Consultants.* También deberías hacer una consulta rápida en los listados de empresas de tu estado para ver si el nombre que quieres utilizar ya existe. También puede considerar un nombre distintivo que sea pegadizo, como *Speedy Housecalls,* aunque no esté cerca del principio del alfabeto.

Los nombres geniales de las empresas pueden, por sí mismos, generar cobertura mediática, ya sea porque hay algo de interés periodístico en el nombre o porque muchos periodistas se sienten más atraídos por destacar empresas con nombres divertidos que con nombres aburridos. Un ejemplo: Rent-a-Wreck (Yudkin, 2014).

2. Decida cómo se va a constituir, LLC o S- Corp. (Vea la explicación más adelante en este capítulo).
3. Obtenga un TIN. (Ver explicación más adelante en este capítulo).
4. Obtenga una cuenta bancaria y una licencia profesional local. La mayoría de los estados exigen que los profesionales sanitarios tengan una licencia profesional antes de crear una empresa, incluso si se trata de una operación en casa. Infórmate sobre esta cuestión de la licencia específica en el ayuntamiento de tu ciudad. Además, necesitarás una cuenta bancaria después de establecer un nombre, obtener el número de identificación fiscal (TIN) y conseguir los documentos de constitución de tu estado. Necesitará todos estos documentos de la empresa para crear su cuenta bancaria. La cuenta bancaria de la empresa es muy importante porque la mayoría de las compañías de seguros presentan los pagos sólo electrónicamente, a través de una institución bancaria.
5. Obtenga todas las credenciales vitales y los números de seguro, así como el identificador nacional de proveedores (NPI) y el número de la Administración para el Control de Drogas (DEA),

si procede. Una vez que haya establecido su cuenta bancaria, asegúrese de tener todos los números de facturación necesarios para todas las compañías de seguros con las que desee participar.

> Los números de facturación necesarios son todos los números de proveedor de facturación de su empresa recién creada. Estos son sus números de "grupo" u organización.

Además, solicita tu licencia de la DEA si no la tienes. Menciono esto porque puede haber algunas ocasiones en las que necesites recetar algo, como un somnífero o un ansiolítico.

6. Consigue pacientes y/o tu bolsa. Si ya tienes pacientes, lo único que necesitas ahora es tu bolsa. Si no tiene pacientes, consiga algunos materiales de marketing (tarjetas de visita y un logotipo, por ejemplo) y empiece a hablar con las iglesias, las agencias de salud a domicilio y la oficina local del Consejo de la Tercera Edad sobre su nuevo negocio. Una vez que tengas los pacientes, estarás listo.

Tipos de Práctica

Prácticas individuales

Este es un consultorio de propiedad de un NP en el que sólo hay un NP prestando atención a los pacientes. Puede haber otro NP o un PA/MD que proporcione asistencia de guardia, pero el único propietario es un NP. Este es el tipo de consulta que yo tengo. Fue la primera práctica de guardia domiciliaria propiedad de un NP que se inició en el estado de Luisiana

Práctica de grupo

Se trata de una consulta de varios PN en la que varios PN atienden a numerosos pacientes a lo largo de su vida. Un ejemplo de este tipo de consulta es Wright & Associates Family Healthcare en New Hampshire. Es una práctica muy exitosa iniciada por la polifacética Wendy Wright, APRN, ANP-BC, FNP-BC, FAANP, FAAN.

Conserjería

Este tipo de práctica proporciona atención primaria como un costo de una cuota anual. Por ejemplo, un paciente puede pagar a un proveedor de atención médica 8.000 dólares para tener 1 examen anual, 2 exámenes de seguimiento (FU) y reabastecimiento ilimitado de recetas. Este plan también puede incluir 2 o 3 visitas según necesidad o episódicas para problemas menores.

Es totalmente personalizable y escalable en función de lo que esté disponible en el menú a la carta de la empresa de conserjería.

Incorporación

En última instancia, debe consultar a su contador público o a su abogado para que le ayude a decidir qué sociedad será la mejor para su nueva empresa, pero aquí hay dos tipos de constitución que debe considerar.

Sociedad de responsabilidad limitada (SRL)

Decida si quiere establecerse como una LLC conociendo plenamente sus riesgos. La LLC surgió del deseo de los empresarios de adoptar una estructura empresarial que les permitiera operar como las sociedades tradicionales. El objetivo era distribuir los ingresos a los socios (que los declaraban en su declaración de la renta individual) pero también protegerse de la responsabilidad personal por las deudas de la empresa, como ocurre con la forma empresarial de las sociedades. Lo bueno de la LLC es que el propietario de la empresa no es responsable de la deuda de la empresa, siempre que no haya garantizado esa deuda personalmente, como con una segunda hipoteca, con una tarjeta de crédito personal o poniendo en juego sus activos personales (Entrepreneur, 2014b).

Con una LLC, los propietarios de la empresa pueden proteger algunos de sus activos, de modo que, si la empresa se hunde, el banco no puede quedarse con las casas, los coches o las cuentas bancarias personales de los propietarios, por ejemplo. Se trata de un híbrido entre una sociedad anónima y una empresa privada. Sin embargo, es importante tener en cuenta que, si hay fraude, un juez puede perforar el velo completo de protección de la LLC.

Corporación S (S-Corp)

Una S-Corp se diferencia de una corporación normal en que no es una entidad imponible separada del propietario. Según el Código de Rentas Internas, esto significa que la S-Corp no paga impuestos sobre sus ingresos netos. Con una S-Corp, los ingresos y las pérdidas se transfieren a los accionistas y se incluyen en sus declaraciones de impuestos individuales. Como resultado, sólo hay que pagar un nivel de impuestos federales. Un negocio debe cumplir ciertas condiciones para ser elegible como una S-Corp. En primer lugar, la corporación no debe tener más de 75 accionistas. Además, sólo las siguientes entidades pueden ser accionistas: individuos, patrimonios, ciertos fideicomisos, ciertas sociedades, organizaciones de caridad exentas de impuestos y otras S-Corps (pero sólo si la otra S-Corp es el único accionista) (Entrepreneur, 2014b).

Una S-Corp debe ajustarse a las leyes de un estado que especifican cómo debe formarse una corporación. Como mínimo, los artículos de incorporación deben ser presentados ante el

Secretario de Estado. Este tipo particular de organización también debe presentar un formulario especial ante las autoridades fiscales federales y estatales que notifica a las autoridades la elección del estatus de subcapítulo S.

TIN (Número de Identificación Fiscal)

Es posible que también oiga hablar de un EIN (número de identificación del empleador). Es la versión empresarial del número de la Seguridad Social. Se necesita inmediatamente. No podrá solicitar una cuenta bancaria de la empresa sin él. El EIN puede obtenerse entrando en www.irs.gov y descargando el formulario SS-4 o rellenándolo en línea. Si decide rellenar el formulario en línea, sólo tardará entre 2 y 3 minutos. Cualquiera de los dos métodos que elija es gratuito.

Licencia Ocupacional

La mayoría de los estados exigen que tengas una licencia ocupacional para tu negocio, además de tus otras licencias necesarias, como la licencia profesional, la DEA y la licencia de sustancias controladas y peligrosas (CDS). Si se encuentra en un estado que requiere la colaboración o supervisión de un médico, también tendrá que iniciar la tarea, a veces ardua, de encontrar un colaborador médico, que se abordará en el capítulo 3.

Investigue otros permisos adicionales que puedan ser necesarios para las jurisdicciones de su estado para abrir un negocio en casa.

Seguro

Seguro Profesional

Responsabilidad civil general

Si tiene una oficina, el seguro de responsabilidad civil general es imprescindible. Cubrirá a cualquier persona que entre en la oficina por resbalones, caídas o cualquier accidente. En la mayoría de los casos, también cubrirá los incendios, el agua y las emergencias por interrupción de la actividad. Esto nos resultó muy útil justo después del huracán Katrina.

Si no tiene una tienda oficial, la responsabilidad civil general no es necesaria. Sin embargo, en el momento en que empiece a permitir que los visitantes entren en su propiedad, empiece a considerar la posibilidad de contratar un seguro de responsabilidad civil general, o comuníquese con el representante del seguro de su casa para saber si está cubierto por la póliza de su propietario.

Seguro de mala praxis

Este seguro es imprescindible cuando trabajas por tu cuenta. Todos los profesionales sanitarios necesitan un seguro de mala praxis, tanto si trabajan en solitario como si lo hacen por cuenta ajena. Además, todas las compañías de seguros exigen que los proveedores tengan un seguro de mala praxis antes de atender a sus beneficiarios. Algunos proveedores nacionales son Marsh y *Nurses Service Organization* (NSO).

Seguro de invalidez

Es muy útil si de repente no puedes trabajar por un accidente o una enfermedad traumática. No es obligatorio, pero es algo que hay que tener en cuenta si se es propietario de una consulta en solitario.

Muchos proveedores me preguntan si todos estos seguros adicionales son realmente necesarios. Quieren "empezar" a ver pacientes ahora. Soy prudente con mi respuesta, pero me mantengo firme en que necesitas protegerte a ti mismo y a tus inversiones. Tómese el tiempo necesario para hacerlo antes de empezar a atender a los pacientes. Será su mejor inversión. Protéjase antes de atender a los demás.

Capítulo 2

Cómo establecerse, o cómo crear su empresa

"*Logré iniciar cuando me impulsé a iniciar*"

—Madam C. J. Walker

Plan Empresarial

El plan de negocio sirve como una especie de hoja de ruta para que un fundador convierta una idea en un negocio completo. Suele incluir información como un resumen ejecutivo, un análisis de mercado y proyecciones financieras. Los planes de negocio pueden ser vitales para los emprendedores y propietarios de empresas interesados en conseguir préstamos bancarios o en atraer a otras partes interesadas, como los inversores. Aunque un plan puede cambiar con el tiempo, los emprendedores y propietarios dicen que el proceso de trazar cómo funcionará una empresa y quiénes serán sus clientes tiene un valor incalculable (Entrepreneur, 2014a).

Mi historia: *No rellené un plan de negocio hasta varios años después de poner en marcha mi empresa, pero no fue para adquirir un préstamo bancario. Lo hice porque crear el plan de negocios también es un buen ejercicio para tener una vista de pájaro de tu proyección financiera a varios años en el futuro. Fue agradable ver todas mis cifras sobre el papel en lugar de hacer conjeturas sobre mi situación financiera. En otras palabras, un plan de negocio no es necesario de inmediato, a no ser que quieras conseguir financiación bancaria; de lo contrario, puedes completarlo más adelante. En algún momento necesitarás uno cuando el negocio empiece a crecer y se necesite financiación adicional.*

Financiación

Lo mejor de empezar una consulta a domicilio es que puedes empezar con tres cosas: tu estetoscopio, un manguito y tu cerebro. Lo digo en broma, pero es cierto. Es casi todo lo que tenía. Sólo tenía esas tres cosas y mi teléfono, mi PDA, mi termómetro y mi otoscopio/oftalmoscopio de bolsillo. Puedes poner estos artículos en una bolsa médica, llevar tu cerebro y salir a tu primera visita a domicilio. Sin embargo, cuando quieras empezar a comprar otros equipos y programas, necesitarás financiación. A menos que tengas unos 5.000 dólares ahorrados, mantén tu trabajo diario antes de empezar tu consulta. Algunos métodos posibles de financiación son las tarjetas de crédito, los préstamos bancarios, el dinero de los amigos y las subvenciones. Elijas lo que elijas, resiste el impulso de derrochar. Consiga que el flujo de caja sea positivo y luego gaste en algunas actualizaciones de equipos y aplicaciones telefónicas.

Suministros y equipos de oficina

En primer lugar, decida lo que necesita absolutamente y trate de ser lo más rentable posible. Si tienes menos de 50 pacientes, puede que no sea necesario un espacio de oficina, que acumula gastos generales, como se ha mencionado anteriormente. Consigue lo básico: un ordenador portátil, una impresora, Microsoft Office for Business y un armario de historiales médicos con cerradura, preferiblemente a prueba de incendios, si todavía utilizas historiales en papel. También deberías tener un teléfono inteligente, así como una tarjeta inalámbrica para el portátil, capacidad de Internet inalámbrica para el teléfono o la tableta, o un dispositivo de punto de acceso personal. Siempre se necesita conectividad.

Mi historia: *Tengo mucho éxito utilizando mi iPhone como punto de acceso, especialmente cuando estoy en zonas más rurales. Por supuesto, cuando estoy en centros de vida asistida, las instalaciones me permiten utilizar sus bandas seguras.*

Oficina En Casa

Mucha gente me pregunta si está bien empezar

una consulta en su casa. Claro que sí. El mayor problema al que te enfrentarás es cómo manejar el tráfico de personas. ¿Qué tráfico de personas? Bueno, cuantos más pacientes adquiera que estén vinculados a una agencia de salud en el hogar (HHA), más representantes de la HHA tendrá que visitar para dejar y recoger pedidos. Además, tendrá otros proveedores de laboratorios, empresas farmacéuticas, agencias de cuidados paliativos, estudiantes de enfermería, médicos colaboradores, propietarios de agencias de servicios, etc. Tiene que estar preparado para ello. Tiene que saber cómo proteger su casa si alguien se cae o tiene un accidente en su propiedad. Infórmese con el representante de su seguro de hogar. Informe al proveedor de seguros de lo que está haciendo y de la naturaleza de su negocio. Ellos son los más indicados para asesorarle sobre cómo estar protegido mientras dirige un negocio en casa.

Necesidades de la oficina en casa:

1. Copiadora/impresora/fax/escáner

2. Gasa, esparadrapo, vendas y otros suministros para el cuidado de heridas

3. Material de oficina: papel de copia, bolígrafos, grapadora, clips

4. Ordenador (para más detalles, véase "Opciones de ordenador" más adelante en este capítulo).

5. Escritorio y silla cómoda

6. Archivador ignífugo con cerradura

7. Una habitación que pueda ser adecuadamente asegurada para mantener todos los datos de los pacientes debidamente almacenados. Recuerde que los requisitos de la Ley de Portabilidad y Responsabilidad de la Información Sanitaria (HIPAA) siguen existiendo en su casa.

Oficina tradicional

Si se aventura por su cuenta, incurrirá en

gastos generales. Sí, esta temida palabra será ahora una amenaza constante porque estarás siempre persiguiendo el mínimo denominador posible. La única forma de tener un negocio exitoso es ingresar más dinero que los gastos generales. No necesitarás mucho más que dos o tres locales para empezar. Busca espacios que incluyan los gastos de electricidad y agua con el alquiler. También puede ser útil que su oficina esté en una línea de autobús para sus empleados y para sus pacientes, en caso de que empiece a atenderlos en la oficina.

Necesidades de la oficina tradicional:

1. Copiadora/impresora/fax/escáner
2. Gasa, esparadrapo, vendas y otros suministros para el cuidado de heridas
3. Material de oficina: papel de copia, bolígrafos, grapadora, clips
4. Ordenador (para más detalles, véase "Opciones de ordenador" más adelante

en este capítulo).

5. Escritorio y silla cómoda para cada miembro del personal y para ti mismo

6. Archivador con cerradura a prueba de incendios

7. Sistema de alarma

Encontrará otras cosas necesarias para su oficina que pueden requerir una cuota mensual. A continuación, le ofrecemos una lista de algunos de estos artículos y servicios. Tenga en cuenta que estas cuotas adicionales aumentan sus gastos generales. Algunos de estos elementos son aplicables tanto a la oficina tradicional como a la oficina en casa

1. Empresa de trituración. Esto es necesario si tiene varias papeleras para triturar diariamente. Haga sus cálculos y mire sus números. Contratar a una empresa de trituración para sus necesidades de trituración puede ser más barato en su región para la cantidad de papel que su

negocio acumula.

Mi historia: *Ya no necesito una empresa de trituración porque ya no tenemos papel en un 97%-98%. Cuando nuestra pequeña caja de trituración se llena, simplemente la llevo a mi Depósito de Oficina Local. Lo pesan y lo trituran por 99 céntimos la libra. Hemos descubierto que llevar pequeños lotes a Depósito de Oficina aproximadamente dos veces al mes es más barato que contratar a una empresa de trituración.*

2. Eliminación de residuos médicos. Estos residuos incluyen agujas, vendas usadas, y/o cualquier cosa contaminada por fluidos corporales. Esto es necesario sobre todo si tiene una oficina tradicional con una clínica. Si sólo utiliza unas pocas agujas a la semana, asóciese con sus HHAs y/o un hospital para dejar su caja con ellos. Ellos se desharán de su pequeña caja de agujas con sus residuos peligrosos. Esto le ahorra una cuota.

3. **Técnico informático**. Esto es necesario si usted tiene un servidor en casa.

   Mi historia: *Somos una oficina completamente*

digital. Todo está en un servidor "en las nubes". Esto es una ventaja porque rara vez tenemos un problema de tecnología de la información (TI).

4. **Abogado**. Es una buena idea tener un abogado contratado. Nunca se sabe lo que puede surgir.
5. **Sistema de seguridad**. Esto es necesario para cualquier oficina, ya sea casera o tradicional.
6. **Mantenimiento de la página web**. Esto es necesario si no gestionas tú mismo la página web.
7. **SFax y Dropbox**. Estos son mis dos sistemas favoritos de gestión de documentos. ¡Mi vida es mucho mejor gracias a ellos!

SFax es un maravilloso software de servidor de fax que te permite visualizar tus faxes a través de correos electrónicos seguros y encriptados cada vez que llegan a tu número designado. Es una buena función, especialmente para esas radiografías fuera de horario que necesitan algo de atención. Los precios varían.

Dropbox es un lugar de almacenamiento central para todos los documentos e imágenes en línea. Mi parte favorita de este software es la aplicación para el iPhone. Puedo ver mis documentos en cualquier lugar donde tenga acceso a Internet y desde cualquier dispositivo. Muy bien. El precio varía en función de tus necesidades de almacenamiento.

Archivos Médicos Digitales vs Analógicos

Esta es sólo una pequeña sección en este capítulo porque a estas alturas, la mayoría de ustedes ya están sin papel o están empezando a buscar opciones para convertirse en sin papel. En cualquier caso, todas las historias clínicas deben almacenarse en un armario ignífugo que cumpla con la HIPAA. Aquí es donde deben almacenarse todos los datos sensibles para el paciente si todavía está utilizando registros en papel. Si te acuerdas de proteger todo lo que está relacionado con el paciente, estarás bien. También es importante tener en cuenta que si ha aceptado dinero de Medicare o Medicaid a través del incentivo de la HCE (historia clínica electrónica), debe utilizar un registro electrónico en lugar de gráficos en papel.

> HIPAA ... significa Ley de Portabilidad y Responsabilidad del Seguro Médico, una ley estadounidense diseñada para establecer normas de privacidad que protejan los historiales médicos de los pacientes y otra información sanitaria proporcionada a los planes de salud, médicos, hospitales y otros proveedores de atención sanitaria. Desarrolladas por el Departamento de Salud y Servicios Humanos, estas normas proporcionan a los pacientes acceso a sus historiales médicos y un mayor control sobre el uso y la divulgación de su información médica personal. Representan un piso uniforme y federal de protección de la privacidad para los consumidores en todo el país. Las leyes estatales que proporcionan protecciones adicionales a los consumidores no se ven afectadas por esta ... norma. La HIPAA entró en vigor el 14 de abril de 2003. (MedicineNet, 2014a)

Mi historia: *ACC utiliza un EHR certificado basado en la nube. Esto significa que no tenemos ningún papel. Nada relacionado con los pacientes se almacena en nuestra oficina durante más de 14 días. Una vez que llegamos a la marca de 14 días, todos los documentos se llevan a una oficina de* *depósito para su destrucción. Constantemente hacemos un esfuerzo de vigilancia para proteger la privacidad y mantener las normas HIPAA.*

Opciones Tecnológicas

Lo primero que debe saber a la hora de elegir un ordenador es cuál funcionará mejor con su actual software de registros médicos, programación y facturación. Otra cosa a tener en cuenta es el peso. Como va a cargar con el equipo, busque una tableta o un ordenador portátil que sea ligero para salvar su hombro y su espalda.

Mi historia: *Alterno entre la tableta Surface Pro 2 y el iPad. La tableta Surface Pro 2 es lo mejor que he encontrado en forma de tableta. Tiene una tonelada de almacenamiento y es un ordenador muy ligero. El iPad es lo que prefiero porque es más ligero que la Surface. Cuando llevas todo el equipo al hombro o en la mochila, tiendes a buscar equipos que sean ligeros y portátiles.*

También tengo un MacBook Air de 13 pulgadas que me encanta, pero no siempre funciona bien con mi software, así que mi equipo principal es la tableta Surface.

EQUIPO

El maletín médico

Tu bolsa médica debe incluir, como mínimo, un estetoscopio, una PDA, un manguito de presión arterial, un termómetro, paletas linguales, un oxímetro de pulso, un oftalmoscopio, almohadillas de alcohol y guantes.

Debes decidir desde el principio si quieres llevar o enrollar tu equipo en una bolsa médica con ruedas. Durante años, llevé muchos equipos con ruedas. Ahora llevo un bolso ligero y tengo una bolsa adicional con vendas, una máquina de lavado de oídos y algunos otros suministros guardados en el maletero de mi coche. Esto me ha funcionado bien porque nunca sé con qué me voy a encontrar y si necesito algo, es fácil volver corriendo a mi vehículo para coger el equipo. Por supuesto, todo esto depende de dónde haya aparcado y del barrio.

Artículos adicionales para la bolsa/el auto

Estos son artículos que no es necesario comprar ahora. Más adelante, una vez que tenga un flujo de efectivo constante, puede comprarlos para aumentar los ingresos. Estos artículos no necesariamente caben en su bolsa médica, pero son fácilmente transportables en el maletero de su coche.

1. Máquina de índice arterial braquial (ABI)
2. Máquina de espirometría
3. Equipo de extracción de cerumen
4. Cajas de agujas

Cuando se crea una consulta, hay que tomar tantas decisiones que pueden resultar abrumadoras. Si te centras en lo esencial, como: un seguro, un equipo básico que funcione bien (estetoscopio, manguito de presión arterial) y un medio de transporte fiable para las visitas a domicilio, tendrás un buen comienzo. Empieza poco a poco con los gastos generales más bajos que puedas gestionar y añade gradualmente elementos y equipos a tu consulta cuando empieces a tener un mayor volumen de pacientes.

También he aprendido que la mayor parte de la

gestión de una consulta con éxito durante los últimos diez años ha sido la gestión adecuada del dinero. Tú, como propietario, tienes que saber hacerlo o contratar a alguien de confianza para que lo haga y lo haga bien, o no estarás mucho tiempo en el negocio. Este es el enfoque central del capítulo 4.

Capítulo 3

Personas

“"He aprendido que la gente olvidará lo que dijiste, la gente olvidará lo que hiciste, pero la gente nunca olvidará cómo les hiciste sentir".

—Maya Angelou

Conseguir a tus Pacientes

1. Las recomendaciones personales son la mejor forma de marketing gratuito, no

porque sea gratis, sino porque si estás ofreciendo un trabajo de calidad, los clientes satisfechos correrán la voz.

2. Las páginas web pueden llevar a muchos clientes potenciales a su consulta, especialmente a los hijos mayores de los pacientes potenciales (ancianos). Hasta la fecha, sólo superada por el boca a boca, ésta es la mayor fuente de referencias para nosotros

Mi historia: *Mi primer sitio web fue desarrollado por mí a través de Yahoo y alojado a través de Yahoo. El segundo sitio web fue desarrollado por un desarrollador web. He descubierto que si quieres mantener el control creativo (la posibilidad de cambiar los títulos, añadir testimonios, etc.), es más fácil si lo desarrollas tú mismo. Esto me funcionó porque me dio la oportunidad de tener un control total sobre mi producto. Mi sitio web actual es a través de Healthspot, y me encanta. Un equipo lo creó y mi blog está alojado a través de Word Press. allí también. Cada vez que necesito cambiar algo o añadir un vídeo, simplemente entro en el panel de control, hago los cambios y hago clic en "Publicar".*

Es importante recordar utilizar la optimización de los motores de búsqueda (SEO) en su sitio web para obtener los mejores resultados.

SEO (*Search Engine Optimization* u "optimización en motores de búsqueda") "La optimización de los motores de búsqueda es una metodología de estrategias, técnicas y tácticas utilizadas para aumentar el [número] de visitantes a un sitio web mediante la obtención de una colocación de alto rango en la página de resultados de búsqueda de un motor de búsqueda (SERP) - incluyendo Google, Bing, Yahoo, y [otros]. El SEO ayuda a garantizar que un sitio sea accesible para un motor de búsqueda y mejora las posibilidades de que el sitio sea encontrado por el motor de búsqueda" (Webopedia, 2014). Esto significa que, si el nombre de su empresa es Anna Housecalls, suponiendo que haya sido optimizada para los motores de búsqueda, cuando alguien escriba el nombre "Anna Housecalls" en Google, será la primera empresa que aparezca. Esto es importante porque la mayoría de los consumidores visitan al menos el sitio web de una empresa que aparece en primer lugar en su búsqueda. En última instancia, usted quiere que su página web sea vista por el mayor número posible de personas. El SEO hará que esto suceda.

Mi historia: *La optimización SEO es un cargo extra a través de nuestro especialista en sitios web. Podemos tener* *la página optimizada mensual o trimestralmente; todo depende de la cantidad de tráfico web que queramos que llegue a nuestra página.*

Adquirir un Médico Colaborador

La tarea de obtener un médico colaborador en un estado que requiere que el PN lo haga puede ser desalentador. El dilema para la mayoría de los PN puede ser simplemente encontrar un médico que quiera colaborar, y luego está la dificultad añadida de decidir un precio justo por las funciones acordadas. A menudo me preguntan por las cantidades que son "justas" para pagar a los médicos por sus servicios. Los rangos que he visto van desde los 250 dólares al mes hasta los 3.000 dólares al mes. Algunos médicos incluso se llevan un porcentaje del reembolso.

¿Cuánto debería compensar? Eso lo tienes que decidir tú, teniendo en cuenta las siguientes sugerencias:

1. Negociar.

2. Ofrézcase a intercambiar los fines de semana de llamada con el médico en lugar de pagar.

3. Ofrezca pagar el seguro de mala praxis del médico por trabajar con usted. (El seguro NSO ofrece un seguro de mala praxis para colaboradores, por ejemplo).

Mi historia: *Tras el huracán Katrina, fue difícil encontrar un colaborador, o incluso algún médico que hubiera vuelto a la zona. Cuando encontré a alguien, pidió que su pago fuera el 10% de mis reembolsos. Vaya. Era caro, pero tenía que hacerlo. Después de un año, encontré a otro, que estaba dispuesto a hacer un trueque por los servicios. Por ejemplo, mi médico colaborador me pedía que le cubriera en la residencia de ancianos o que le cubriera los fines de semana y las vacaciones cuando salía de la ciudad. Este último tipo de intercambio funciona bien porque fomenta la camaradería y permite que el médico siga viendo el valor de tener un NP en el equipo. Siempre que tengas una situación en la que todos salgan ganando, aprovéchala.*

Miembros de Equipo (Construyendo tu Equipo)

Equipo / e 'ki.po / sustantivo: Un grupo de personas con un conjunto completo de habilidades complementarias necesarias para completar una tarea, trabajo o proyecto. Los miembros del equipo (1) operan con un alto grado de interdependencia, (2) comparten la autoridad y la responsabilidad de la autogestión, (3) son responsables del rendimiento colectivo y (4) trabajan para conseguir un objetivo común y recompensas compartidas. Un equipo se convierte en algo más que un conjunto de personas cuando un fuerte sentido de compromiso mutuo crea sinergia, generando así un rendimiento mayor que la suma del rendimiento de sus miembros individuales. (Web Finance, 2014)

Para mejorar la comunicación y la eficiencia de la atención, sus visitas a domicilio deben coordinarse con otros profesionales sanitarios, como los miembros del equipo de cuidados paliativos. Entre los ejemplos de profesionales sanitarios cuyas visitas pueden organizarse a través de una HHA se encuentran un dietista, un auxiliar de salud a domicilio, una enfermera diplomada, un terapeuta ocupacional (OT), un fisioterapeuta (PT), una enfermera psiquiátrica, una enfermera titulada, un trabajador social (SW), un logopeda y una enfermera para el cuidado de heridas. El cuidado de las heridas puede evaluarse y gestionarse de forma más eficaz junto con una enfermera o auxiliar de salud a domicilio, y las visitas conjuntas minimizan la necesidad de retirar repetidamente los apósitos. Las visitas al hospicio pueden incluir la finalización de las reposiciones de sustancias controladas necesarias para evitar retrasos. También se puede completar la documentación de la salud en el hogar y del hospicio (Unwin & Tatum, 2011).

Mi historia: *Casi siempre me encuentro con una enfermera de salud en el hogar para las visitas de heridas complicadas o para las áreas que no son seguras. Estas visitas son las mejores para el profesional sanitario en comparación con el resto de visitas domiciliarias porque la HHA puede ver su plan de cuidados y documentar si hay algún cambio de medicación. Esto permite una colaboración fluida con todos los miembros del equipo de atención sanitaria a domicilio. En el caso de las heridas complejas, utilizamos un centro local de atención de heridas que proporciona transporte para el cuidado de las mismas. Un equipo de atención de heridas en un centro* *local de heridas ve al paciente semanalmente, nosotros vemos al paciente semanalmente y la enfermera de atención domiciliaria también nos visita semanalmente. Por lo tanto, el paciente recibe un cambio de apósitos completo al menos tres veces por semana.*

Los miembros de mi equipo

1. Directora de la oficina/Asistente médica/Facturación: ¡Sí, ella es las tres cosas en una sola persona!
2. Administradora de la oficina: Ella respalda al gerente de la oficina de la oficina para todo, incluida la facturación.
3. Médico(s): Un médico es necesario para la colaboración y una visita ocasional a domicilio. Tengo más de un médico colaborador.
4. Farmacéutico: Me encantan los farmacéuticos que entregan medicamentos. El farmacéutico de nuestro equipo entrega los medicamentos a nuestros pacientes de forma gratuita.
5. Trabajador social: El trabajador social de

nuestro equipo es necesario para todos los escenarios sociales, como ayudar con los recursos de la comunidad y ayudar a solicitar beneficios de salud adicionales.

6. Enfermera registrada: La enfermera titulada admite al paciente en la sanidad domiciliaria o en el hospicio.

7. Enfermera práctica licenciada: Después de que las LPN de nuestro equipo hayan realizado visitas a varios de mis pacientes durante la semana, me proporcionan llamadas de seguimiento semanales con respecto al cuidado del paciente, ya sea por teléfono o en persona.

8. Enfermero/a profesional: La NP de nuestro equipo trabaja la mayoría de los fines de semana y cuando me tomo vacaciones.

9. Podólogo: Nuestro podólogo proporciona el cuidado de los pies en el hogar.

10. 1Fisioterapeuta: El fisioterapeuta de nuestro equipo ayuda a entrenar la marcha y a realizar

actividades de resistencia en el hogar.

11. Terapeuta ocupacional: El OT del equipo asiste con las AVD-actividades de la vida diaria.

12. Agencia de salud a domicilio: La gente de la HHA es realmente útil para mantener a la mayoría de los pacientes fuera del hospital, ya que sacan laboratorios, monitorean las caídas y nos ayudan con la polifarmacia.

La polifarmacia puede describirse como la acumulación de cuatro o más medicamentos de prescripción o de venta libre que se consumen. Esto se observa ampliamente en la población geriátrica secundaria a varios estados de enfermedad que requieren medicamentos para aliviar el dolor o para el control de la presión arterial.

13. Agencia de cuidados paliativos: La aceptación de los cuidados paliativos y sus numerosos beneficios han mejorado enormemente mi experiencia en las visitas domiciliarias. Disfruto mucho de los servicios de hospicio porque eliminan gran parte del estrés logístico cotidiano de la muerte y de la gestión de una enfermedad terminal de las manos de una familia ya

sobrecargada.

14. Compañía de equipos médicos duraderos (DME): Una empresa de equipos médicos duraderos realmente buena y creíble puede hacer la vida mucho más fácil. Tenemos dos empresas de equipos médicos duraderos que alternan entre sí, y las cosas y las cosas se hacen más eficientemente. Asegúrese de que al menos una de sus empresas de equipos médicos duraderos proporcione oxígeno

Mi historia: *No todas las personas de mi red sanitaria, o equipo, trabajan directamente para mí. El administrador de la oficina, el gerente y la enfermera trabajan directamente para mí, pero todos los demás trabajan para una entidad o empresa distinta. Los profesionales sanitarios son entidades independientes que trabajan en armonía con la misión de mi empresa. Nos ayudamos mutuamente y hacemos cualquier cosa por la población vulnerable a la que servimos. Es un gran honor poder servir a tantos con nuestros recursos.*

Contratación del Personal

Contratar a mi personal ha sido probablemente la parte más difícil de tener un negocio para mí, sólo superada por el componente de facturación. A continuación, me lamento de que, si pudiera hacerlo todo yo misma, lo haría. Encontrar personal eficiente, compasivo y responsable ha sido una pesadilla. A la hora de buscar personal, hay que tener en cuenta que una consulta de atención domiciliaria es un negocio orientado al servicio; por lo tanto, las personas que trabajen para ti deben tener una excelente capacidad de atención al cliente, sobre todo cuando se trata de pacientes que pueden no sentirse bien. No puedo dejar de insistir en la importancia de encontrar la "voz" adecuada de su consulta. Muchas personas interactuarán con el director de la consulta o con otros miembros del personal designados antes de hablar con usted. Si la persona es amable y servicial, esto hará que su establecimiento parezca profesional y acogedor. Por el contrario, si el personal de su oficina no es servicial o es grosero, esto será un mal reflejo de usted y podría costarle algunos pacientes.

Tómese el tiempo necesario para encontrar personal cualificado, por ejemplo, a través de Craig's List o del periódico local. Yo he tenido éxito en la búsqueda de personal en Craig's List, pero hay una multitud de lugares donde encontrar empleados. Una vez que encuentres a algunos posibles empleados, entrevístalos y hazles una sencilla prueba de aptitud para determinar sus habilidades de escritura, medir su personalidad de servicio al cliente y comprobar sus habilidades gramaticales. En el test incluso hay una pregunta para comprobar si los posibles empleados saben la diferencia entre un NP y un MD; al fin y al cabo, lo que buscan es trabajar para un NP.

> No te sorprendas si pasas por varios empleados a lo largo de unos meses hasta que consigas el adecuado. Después de 10 años en el negocio, puedo decir sin duda alguna que sabrás si es el adecuado en sólo una o dos semanas. Mi lema es "Contrata despacio y despide rápido".

Asegúrese de conocer las leyes de los empleados y las leyes estatales relativas a los empleados. Por ejemplo, Luisiana es un estado a voluntad. Esto significa que el empleador no necesita una razón para despedir al empleado.

Directora de Oficina

Los gerentes de oficina pueden hacer o deshacer la práctica. Elija sabiamente y contrate en función de la experiencia. No asuma que tendrá tiempo para formar a alguien sobre cómo llevar su consulta. Contrate a la persona adecuada para no tener que despedirla.

Debería empezar a pensar en contratar al menos a un director de oficina a tiempo parcial cuando tenga 25 pacientes. La cantidad de papeleo y supervisión necesaria puede ser desalentadora, sobre todo si eres nuevo en el ámbito de la sanidad a domicilio. Elegir cuándo contratar a un gestor de oficina es una decisión personal porque realmente depende de lo que puedas manejar, y esto es algo que sólo tú puedes decidir. En mi opinión, después de 50 pacientes, necesitarás ayuda a tiempo completo para programar, gestionar y responder a las demandas de una carga de 50 pacientes, especialmente si todos los pacientes tienen HHA. Es conveniente que al menos tengas a alguien identificado antes de que tengas demasiado trabajo. Si esperas a que el negocio se acelere, puedes tener la tentación de contratar demasiado rápido. Asegúrese de contratar a una persona que tenga pasión o corazón por su negocio. Cuanto más alineada esté esta persona con su misión para el negocio, mejor, porque "entenderá" el panorama general.

Una vez que haya decidido que necesita a alguien que le ayude, los siguientes trabajadores sanitarios son algunos ejemplos de los tipos de empleados que debería considerar añadir a su consulta. Yo utilizo todos estos trabajadores sanitarios en mi consulta ahora mismo y son extremadamente útiles para que mi consulta a domicilio funcione mejor.

Asistentes Médicos

Los asistentes médicos ofrecen una amplia gama de habilidades, como la toma de constantes vitales, la realización de diagnósticos y la programación de citas. El salario medio depende de la experiencia. El rango salarial es de 10 a 16 dólares por hora.

Enfermeras PRN (NP PRN)

Los NP PRN están vinculados a mi número de grupo de Medicare/Medicaid, y entonces yo facturo por ellos y negocio un porcentaje por su tiempo. También tengo un médico colaborador que forma un acuerdo de colaboración con estos proveedores.

(Luisiana es un estado que requiere un acuerdo de colaboración antes de que un NP pueda trabajar. Por eso nuestro MD colaborador debe colaborar con las NP PRN si no tienen sus propios MD colaboradores). Si las NP PRN ya tienen médicos colaboradores, no se utiliza nuestro médico de plantilla, pero seguimos vinculando a estos proveedores (NP) a nuestro número de grupo. Esto nos permite mantener el control de todo el dinero vinculado a nuestros pacientes. También hacemos que todos los PN que trabajan con nosotros por primera vez firmen una cláusula de no competencia.

Estudiantes de Enfermería

Los estudiantes de enfermería trabajan bien si no les importa hacer visitas a domicilio. He tenido un gran éxito con los estudiantes de PN y los recomiendo encarecidamente. Asóciate con universidades locales o en línea y hazles saber que estás dispuesto a que los estudiantes de PN te sigan.

Sigue buscando personal que crea en ti y en la misión y filosofía de tu empresa. Estos empleados tendrán un valor incalculable para ti. Te llevarán a ti y a la consulta incluso cuando no puedas estar en el lugar o en la ciudad para las emergencias. Por ejemplo, cuando viajo para asistir a conferencias y necesito que mis pacientes sean atendidos, dependo de mi médico colaborador para que me oriente y me cubra. Está totalmente involucrado en la misión de mi consulta y cree en lo que hago. Esto significa un mundo para mí porque lo hace sin cobrar. No pide nada a cambio. Este es un buen ejemplo de una persona de tu equipo que se ha comprometido con tu misión y filosofía. La mayoría de los empleados o miembros del equipo como este A menudo trabajan para usted sin esperar nada a cambio. Cuando encuentre a miembros maravillosos del equipo como éste, trátelos bien, atesórelos. Envíe ramos de flores "porque sí", cocine comidas para ellos y siga mostrando otras formas de agradecerles porque son muy difíciles de encontrar.

Capítulo

4

Consideraciones una vez que te hayas establecido

"Agradece lo que tienes; acabarás teniendo más. Si te concentras en lo que no tienes, nunca, nunca tendrás suficiente".

—Oprah Winfrey

Flujo de Dinero

Es importante tener en cuenta el mes de enero y la imposibilidad de la mayoría de los pacientes de pagar la franquicia. Durante este periodo, debe aumentar sus volúmenes o buscar ingresos suplementarios, dependiendo de su mezcla de pagadores (proporción de pacientes de Medicare, Medicaid y seguros comerciales).

Yo solía tener problemas con los pagos y los ingresos cada enero porque la mayoría de mis pacientes indigentes no pagaban sus deducibles de Medicare. Esto era un problema porque cuando veíamos al paciente e intentábamos facturar, si el paciente no había pagado el deducible de 147 dólares, se descontaba de la visita que se hacía ese día. Por ejemplo, normalmente se cobran 100 dólares por ver a la Sra. Enfermera. Es enero, y ella aún no ha pagado su deducible de 147 dólares. Usted hace una visita a domicilio y ella le dice que no tiene el dinero para la franquicia y que posiblemente no podrá pagarla. Si usted decide hacer la visita a domicilio, una vez que se presente la reclamación por esta visita, Medicare verá que ella no ha pagado su deducible. Entonces, el dinero se capta del proveedor del que ella recibe los servicios. Hoy, el proveedor es usted, y se le cobran 100 dólares de su deducible de 147 dólares. Esto se hace con todos los proveedores de los que ella recibe servicios hasta que se alcanza su deducible. Usted no recibe nada por la visita, y a ella le queda un saldo de 47 dólares en su deducible. Si usted la vuelve a ver para otra visita de 100 dólares y ella aún no ha cumplido con su saldo de 47 dólares, su visita será reembolsada con 53 dólares una vez que Medicare cobre su saldo restante del deducible de 47 dólares. Dado el escenario mencionado, en la mayoría de los casos, no recibiría ningún ingreso en enero. No es bueno. Esta fue una lucha importante para la práctica durante muchos, muchos años, hasta que llegó la visita anual de bienestar (AWV). Ésta visita y sus componentes me permitieron volver a respirar en enero. Lo que es único y adorable del código es que no está sujeto a un deducible. Esto significa que, en enero de cada año, cada uno de mis pacientes recibe una AWV y mis ingresos siguen fluyendo. Dicho esto, una vez que se ha realizado la AWV y el paciente aún no ha cumplido con su deducible, se vuelve al punto de partida, pero la AWV da a los pacientes tiempo para conseguir dinero para pagar algo para el deducible. Consulte más información sobre el AWV en el Apéndice 1: Códigos de facturación.

¿Cuánto puedes ganar?

Me preguntan: "*¿Cuánto puedes ganar?*" o "*¿Cuánto ganas?*". Esta es una pregunta interesante porque cuando se tiene este tipo de negocio, se puede ganar literalmente lo que se quiera. Por ejemplo, si atiende a 10 pacientes en un día, obtendrá aproximadamente 400 dólares, o si atiende a 2 pacientes, puede obtener sólo 60 dólares. 60 dólares. (Es difícil presupuestar porque lo que realmente se ingresa depende del nivel de codificación que se haya seleccionado o de la tarifa que se haya negociado con los pagadores).

Otra consideración es que a veces no te pagan. Por ejemplo, si hay algunos errores de facturación o si hay una congelación del gobierno, su dinero puede quedar en suspenso. En el caso de errores de facturación, el pagador puede retener todo el dinero hasta que los errores se hayan aclarado. Esto no es un escenario poco común. Por ejemplo, los pagos de Medicare se ven afectados por lo que ocurre en el Congreso, que también puede retener los fondos que usted desea. Estos son casos muy reales de obstáculos monetarios; ambos me han ocurrido. Por favor, ahorre o tenga a mano una línea de crédito/flujo de caja para estos momentos espeluznantes en los que hay retrasos en el Congreso o se encuentra con errores de facturación.

Maneras de aumentar la entrada de dinero

FluFair (clínica de vacunación contra la gripe) y *PneumoFairs* (clínica de vacunación contra la neumonía) pueden ser extremadamente lucrativas para las organizaciones que las organizan. Se trata de ferias de salud que ofrecen específicamente la vacuna contra la gripe o la neumonía. Puede organizar una de estas ferias de salud y ofrecer vacunas contra la gripe y/o la neumonía. Incluso podría llamarla feria de la vacuna. Hágala pegadiza y atractiva. Para hacer correr la voz sobre sus Ferias de la Gripe, reúnase con los centros de vida asistida de la zona y ofrezca sus servicios como PN. Programe reuniones en las iglesias de la zona y pregunte si puede dar charlas sobre diversos temas de salud. Sólo asegúrese de pedir la vacuna contra la gripe el año anterior para tenerla a tiempo para su evento

Consejo de facturación: La vacuna contra la neumonía es uno de esos artículos que se cubren una vez en la vida para los pacientes de Medicare, por lo que si el paciente ha recibido la vacuna anteriormente pero no recuerda haberla recibido y usted la aplica de nuevo, será un gasto para el paciente.

Mi historia: *Mi primera Feria de la Gripe se celebró en un centro local independiente para personas mayores. Vacunamos a 300 personas, controlamos la presión arterial, proporcionamos atención podológica y entregamos bolsas de regalo a varias personas mayores. (Creo que también es una buena idea asociarse con un optometrista, un podólogo, una HHA o cualquier otro proveedor para mejorar los servicios ofrecidos en una feria de la gripe). Pudimos aumentar el flujo de dinero de la consulta en varios miles de dólares gracias a una feria de la gripe en un solo día, ¡en sólo cuatro horas!*

Mercadeo

En su estrategia de marketing se pueden tener

en cuenta varias cosas, como el material promocional, las redes sociales, la colocación de diversos anuncios y los grupos empresariales locales.

El material promocional puede ser un activo tremendo, pero también puede hacer saltar la banca, así que tómatelo con calma. Pida sólo lo que necesite y hágalo en pequeñas cantidades. En *www.vistaprint.com* puedes encontrar una gran cantidad de tarjetas, imanes, calendarios y otros materiales para promocionar tu consulta.

Mi historia: *Al principio pedí un lote de tarjetas de visita básicas (100) por 20 dólares en una promoción especial. Más tarde, tras el huracán Katrina, pedí unas tarjetas de lujo con papel de aluminio y unos imanes resistentes al agua. Pagué menos de 100 dólares en total por 50 de cada una de ellas.*

Los medios de comunicación social son una pieza crucial del marketing gratuito que no pueden ser obviadas. Todos los negocios aprenderán tarde o temprano que tener una cuenta en Facebook y/o Twitter ayudará mucho a la exposición y a las ventas.

Muchos pacientes ahora buscan proveedores y se comunican con sus oficinas en las redes sociales. Sólo se tarda unos segundos en crear una cuenta en Facebook o Twitter y es totalmente gratuito.

Los anuncios en revistas locales que muestren sus servicios pueden impulsar el negocio en su dirección, especialmente si esas revistas llegan a sus áreas de población objetivo. Por ejemplo, si desea realizar principalmente visitas a domicilio en el ámbito de la geriatría, puede publicar un anuncio sobre sus servicios en la revista del Consejo de la Tercera Edad de su localidad, ya que será lo que lea su población objetivo. Estos anuncios pueden costar entre 75 y 100 dólares al mes.

Si utiliza anuncios de radio o televisión, intente comprar el anuncio más corto. Suelen ser los más caros, pero son los que más exposición tienen. Planee gastar alrededor de $2000-$5000 por anuncio, dependiendo de su mercado y el tiempo de anuncio.

Únase a la Oficina de Buenas Prácticas Comerciales, a la Cámara de Comercio o a *Angie's List*. Me sorprendió escuchar cuánta gente miraba estas fuentes como un predictor del valor de mi negocio antes de dejarme visitar a sus seres queridos.

Mi Historia: *Cuando empecé mi consulta, sólo tenía unas 100 tarjetas de visita, pero debido a la buena calidad de la atención y al positiva boca a boca, mi consulta creció rápidamente antes de tener siquiera una página web, tazas o bolígrafos que anunciaran mi empresa. ¡Ni siquiera tenía un logotipo!*

Facturación

Podría escribir un libro entero sobre la facturación para el proveedor de atención domiciliaria. Este es el capítulo más importante de este libro porque realmente trata los tipos de planes de seguros que pagan por una visita a domicilio y, lo que es más importante, trata la siempre popular pregunta sobre el estado de "confinamiento en casa" del paciente. "¿Es necesario que el paciente esté confinado en casa antes de hacer una visita a domicilio?" es una pregunta que me hacen al menos 10 veces a la semana. Esta sección responde a esa pregunta.

Planes de seguros

¿Cómo se decide una compañía de seguros para inscribirse? Inscríbase en todas las compañías de seguros que permitan que un NP o un PA tenga un panel.

> Un panel puede describirse como la cantidad de pacientes que una compañía de seguros le permite atender. Algunas compañías de seguros limitan a los PN a un panel de 2500 pacientes. Otras no dan a los PN un límite. Investígalas todas. Algunas son mejores que otras en cuanto a lo que pagan por una visita a domicilio y en cuanto a la cantidad de pacientes que te permiten atender.

Humana, Medicare, Medicaid, UnitedHealthcare, Aetna y Cigna son sólo algunos de los planes de salud que pagarán las visitas a domicilio. En general, he comprobado que la mayoría de las aseguradoras pagarán, pero siempre es mejor con los planes comerciales llamarles antes de ir a hacer una visita. (Esto forma parte de la elegibilidad y la verificación - véase el capítulo 7.) A veces se necesita una autorización previa antes de hacer la visita. Un plan de seguros no quería que hiciéramos una visita a domicilio porque el paciente no tenía cobertura sanitaria a domicilio. Ni que decir tiene que no pudimos hacer la visita a domicilio porque el plan no nos reembolsaría y la paciente no podía pagar. Más tarde tuvo que ser amputada bilateralmente por debajo de la rodilla. Creo firmemente que si hubiéramos podido entrar en la casa cuando nos contactaron inicialmente y conseguirle una derivación oportuna a la atención domiciliaria, esto podría haberse evitado.

Definición de la lista de tarifas: Una lista de tarifas puede describirse como la lista de códigos CPT y sus respectivas tasas de reembolso que una compañía de seguros pagará por esos códigos designados

La mayoría de los planes de seguros contratan a los PN, pero con una tarifa inferior a la del médico. Por ejemplo, la mayoría de las compañías de seguros reembolsan a los médicos el 100% de los honorarios por un examen físico. El PN que realiza el mismo examen físico recibirá el 85% de la tarifa prevista. Por favor, consulte con las compañías de seguros para conocer sus tarifas antes de inscribirse. Las tarifas varían mucho de un estado a otro. La recopilación de documentos para la acreditación del seguro puede resultar tediosa. Aquí es donde entra en juego el Council for Affordable Quality Healthcare (CAQH). El CAQH es una agencia sin ánimo de lucro que trabaja con varias compañías de seguros y proveedores de atención sanitaria para ayudar a la colaboración en la atención. Hay que inscribirse (www.caqh.org) y obtener un acceso seguro. A continuación, se rellena una única solicitud de acreditación que se pone a disposición de varias compañías de seguros. Es un servicio gratuito.

Por término medio, el proceso de acreditación puede durar 90 días o más. Este periodo puede ser más largo si hay errores en su solicitud de inscripción. Prepárese económicamente para este retraso, ya que no recibirá ningún dinero durante este periodo. La mayoría de las compañías de seguros le permitirán facturar con carácter retroactivo, pero seguirá sin ganar dinero durante este periodo por las visitas a domicilio si sólo tiene como pagadores a las compañías de seguros.

Algunos planes de seguros quieren que factures sólo con el número de identificación fiscal del médico colaborador. Esto no es lo óptimo, pero ocurre en algunos estados. Debes decidir cómo quieres manejar esta barrera. Aquí, en Luisiana, quería convertirme en proveedor de Humana, pero me dijeron repetidamente que para ello tenía que estar vinculado con mi médico colaborador. Esto era un problema porque quería colaborar, pero no quería que se mezclaran nuestros dineros. En ese momento, estábamos recibiendo muchas llamadas de pacientes de Humana que deseaban nuestros servicios. Tuve que tomar una decisión empresarial sobre si era una batalla digna de seguir, ya que en los negocios hay que elegir con cuidado y decisión qué batallas librar. Opté por dirigirme continuamente a mi representante de Humana para que mi consulta pasara a formar parte de Humana sin estar vinculada al colaborador. Durante seis meses, llamé repetidamente con varias historias sentidas sobre pacientes de Humana que realmente necesitaban nuestros servicios de atención domiciliaria. Fue suficiente para ganar; nos convertimos en la primera consulta propiedad de un NP en el estado de Luisiana en ser un proveedor de Humana sin estar vinculado al número de identificación fiscal de un colaborador. Esto fue un gran éxito, porque pudimos avanzar como una práctica de NP facturando de forma independiente, lo que mantuvo nuestro dinero separado del dinero del colaborador. Fue una batalla digna y una victoria para los PN de Luisiana.

¿El paciente tiene que estar confinado en casa?

Como explica la AMDA (2014):

> Una visita domiciliaria o a domicilio incluye una historia y un examen físico, la resolución de problemas y la toma de decisiones en varios niveles dependiendo de la necesidad y el diagnóstico del beneficiario. Los pacientes atendidos pueden tener afecciones crónicas y/o estar discapacitados física o mentalmente, lo que dificulta el acceso a una visita tradicional al consultorio, o pueden tener sistemas de apoyo limitados. La visita domiciliaria debería mejorar la atención médica

> mediante la identificación de las necesidades no cubiertas, la coordinación del tratamiento con las derivaciones apropiadas y la reducción potencial de las exacerbaciones agudas de las condiciones médicas, lo que a su vez se traduce en una reducción de las hospitalizaciones y las visitas a urgencias. (página 3).

De acuerdo al AMDA (2014):

> Los pacientes deben entender la naturaleza de una visita preestablecida y deben consentir el tratamiento en el hogar o en el centro de atención domiciliaria. La cobertura de este tipo de servicios se basa en el tiempo cara a cara únicamente con el beneficiario solo o con el paciente/familia, y el trabajo realizado durante ese tiempo se documenta en el historial. El tiempo de viaje y los gastos relacionados no son, lamentablemente, servicios facturables y, como tales, no deben incluirse al determinar el código CPT que mejor defina el servicio

> prestado. Las visitas de proveedores médicamente necesarias son pagaderas bajo la lista de honorarios del médico en la Parte B de Medicare cuando se proporcionan al beneficiario en su residencia privada. (página 4).

No es necesario que el paciente esté en su domicilio. El motivo de una visita al domicilio más que en la consulta debe estar claramente documentado en la nota de la visita, ya que la visita a domicilio no es pagable ni se considera médicamente necesaria si se realiza por conveniencia del profesional o del paciente. Por ejemplo, una vez recibimos una llamada sobre una mujer de 77 años que simplemente "no tenía ganas" de ir a la consulta del médico. Íbamos a sugerir que la trajeran a nuestra consulta, pero al hablar con su hija, nos enteramos de que la mujer estaba cada vez más disneica y que le habían amputado una pierna. La hija afirmó además que el dolor de su madre había aumentado y que a veces le dolía la prótesis. Dados los antecedentes de la madre y varias comorbilidades, decidimos ver a la paciente en su casa, ya que cada vez era más agotador salir de su residencia. La clave para recordar es que "la documentación de la historia clínica debe respaldar una visita médicamente necesaria y ponerse a disposición de Medicare y otras compañías de seguros cuando lo soliciten" (AMDA, 2014, página 3).

Es importante tener en cuenta que los servicios prestados a los beneficiarios en centros de atención residencial, casas de reposo o centros de vida asistida se espera que ocurran en el propio espacio de vida personal del beneficiario o en un espacio designado para tales visitas. En el caso de que el servicio se realice en un espacio designado, dichas habitaciones no se consideran un consultorio y no se utilizarán para la realización rutinaria de rondas a los beneficiarios (AMDA, 2014, página 3).

Las siguientes recomendaciones relativas a las visitas domiciliarias se extrajeron de la AMDA (2014, página 4).

Para que sea reembolsable por Medicare, una visita de atención domiciliaria o en el hogar que sustituya a una visita al consultorio, a una visita a urgencias o a una visita al hospital, debe cumplir todos los criterios siguientes:

- El servicio/visita debe ser médicamente razonable y necesario, y la elección del lugar del servicio debe tener un valor diagnóstico o terapéutico, y no sólo por conveniencia del profesional de enfermería/PA/MD o del paciente.
- El servicio debe prestarse de manera coherente con las normas comunitarias para ese servicio en otros lugares de servicio para pacientes similares, incluida la frecuencia de las visitas, que debe ser coherente con la frecuencia para un paciente con condiciones y tratamientos similares. Por ejemplo, para un beneficiario en una condición o con tratamientos que se manejan comúnmente en el hospital, las visitas diarias pueden ser necesarias.
- Los servicios prestados en el hogar o en el domicilio no deben duplicar

innecesariamente los servicios anteriores prestados al beneficiario por otros profesionales, independientemente de que dichos profesionales presten el servicio en el consultorio, en el centro o en el hogar/domicilio. Los servicios domiciliarios prestados para el mismo diagnóstico, la misma enfermedad o el mismo episodio de atención que los servicios anteriores prestados por otros profesionales, independientemente del lugar de prestación, pueden constituir una atención concurrente o duplicada.

- Cuando se prestan dichos servicios, el expediente debe documentar claramente la necesidad médica de los mismos. Si falta la documentación, el servicio puede considerarse no necesario desde el punto de vista médico.

- La visita a domicilio debe ser ordenada o proporcionada personalmente por un proveedor de la Parte B de Medicare que sea responsable de la evaluación o terapia relacionada con el servicio.

- Los servicios iniciales prestados a un paciente deben ser solicitados por dicho beneficiario, su delegado (por ejemplo, la familia o el proveedor de servicios sanitarios a domicilio) u otro proveedor de Medicare que gestione la atención del beneficiario. De lo contrario, esta acción se consideraría una solicitud, lo cual es ilegal
- El NP/PA/MD no puede solicitar la visita.
- Las visitas deben programarse antes de la llegada al centro/domicilio, ser solicitadas por un beneficiario o delegado (no solicitadas por el proveedor de la Parte B) o sustituir a una visita previamente planificada para un futuro próximo a ese beneficiario.
- Las excepciones incluyen a los beneficiarios que estén de viaje por una zona y no residan en el lugar donde se les atiende y a los beneficiarios que sean atendidos en sus casas o domicilios por enfermedades urgentes o episódicas.

- Los servicios prestados a un beneficiario por un proveedor de la Parte B de Medicare en el mismo día, como empleado de una agencia de salud en el hogar deben ser de un tipo o calidad que está más allá de la disponible en la agencia de salud en el hogar. Los servicios prestados durante una visita conjunta por un proveedor de la Parte B y un empleado de la agencia de salud a domicilio deben estar más allá de las capacidades del personal de la agencia de salud a domicilio por sí solo y requerir la asistencia del empleado de la agencia de salud a domicilio (CMS, 2013a). Los servicios realizados a los beneficiarios que también están viendo a otros proveedores de la Parte B de Medicare en sus consultorios por el mismo diagnóstico deben agregar información de diagnóstico o valor terapéutico más allá de lo posible en el consultorio. Esto debe estar claramente documentado en las notas de la visita.

- Las visitas a múltiples beneficiarios por el mismo proveedor de la Parte B de Medicare o

> el mismo grupo pueden ocurrir en la misma fecha de servicio, pero cada servicio debe satisfacer las necesidades médicas del beneficiario individual. El tiempo total de facturación de la suma de todas las visitas domiciliarias del día a un beneficiario en un sitio no debe exceder el tiempo del proveedor en ese sitio. Cada visita debe ser independiente, y la necesidad médica de la visita debe estar respaldada por la documentación.

En otras palabras, Medicare reembolsará a un NP, un PA o un MD por una visita a domicilio a un paciente que no está confinado en casa, pero debe estar claramente documentado por qué el paciente fue visto en el hogar o centro de vida. Algunas de las posibles razones para ver a un paciente en el hogar incluyen la incapacidad cognitiva y emocional para salir del hogar, la evaluación del hogar y la evaluación de los recursos familiares. Todo este tema del tratamiento de la situación de confinamiento del paciente en su domicilio se tratará varias veces en este libro, porque es crucial que se entienda y se documente en consecuencia para que las auditorías tengan éxito.

Motivos para negar una solicitud

Las siguientes recomendaciones relativas a la denegación de reclamaciones y a las visitas a domicilio se han extraído de la AMDA (2014, página 4).

- El registro no demuestra claramente que el beneficiario, su delegado u otro clínico involucrado en el caso buscó el servicio inicial.
- El servicio se presta con una frecuencia que excede la que se suele prestar a pacientes similares en otros lugares de servicio y estándares aceptables de la práctica médica.
- El servicio es solicitado.
- La frecuencia acumulada de servicios entre los proveedores de todos los centros de servicio para un diagnóstico excede los estándares aceptables de la práctica médica.
- Los servicios no están individualizados para los diagnósticos y condiciones del beneficiario.

- El servicio se presta con una frecuencia superior a la que se suele prestar en un centro de servicio alternativo típico para el diagnóstico, la afección o el tratamiento.
- El servicio no es prestado u ordenado personalmente por el prestador/facturación.
- El servicio no es médicamente necesario y/o los resultados anormales no cambiarán el plan de atención del beneficiario

Una herramienta útil para establecer la necesidad médica Algo que me ha resultado útil para establecer la necesidad médica es que la mnemotecnia INHOMESSS (deficiencias/inmovilidad, nutrición, entorno del hogar, otras personas, medicamentos, examen, seguridad, salud espiritual, servicios) cubre los componentes que me permiten hacer una visita a domicilio más completa (Unwin & Tatum, 2011).

Contabilidad

Probablemente sea mejor contratar a un contable profesional, especialmente si su base de pacientes es superior a 100 clientes. Los contables gestionan y hacen un seguimiento de todos los recibos de la consulta y, en la mayoría de los casos, pagan las facturas de la misma. Algunas empresas de contabilidad también realizan tareas de contabilidad.

Un buen contable recogerá todos los recibos de tu negocio y los contabilizará en un software como QuickBooks o Intuit. Por lo general, lo harán trimestralmente o antes si lo deseas. Cuando llegue el momento de los impuestos, esta persona preparará la cuenta de pérdidas y ganancias y el balance para el CPA. El contable también puede realizar informes para que usted pueda ver sus patrones de gasto, lo cual es muy útil si tiene un presupuesto estricto.

¿Necesitas un contador?

Esta es una gran decisión empresarial. El contador público es un miembro del equipo vital para su negocio. Un contable puede analizar el panorama general de su situación financiera y ofrecer asesoramiento estratégico. Un contable elabora documentos financieros clave, como una cuenta de resultados, si es necesario, y presenta los impuestos de la empresa. Una vez terminada la temporada de impuestos, un contador también puede actuar como un jefe de finanzas subcontratado, asesorándote sobre estrategias financieras, como, por ejemplo, si debes asegurar una línea de crédito contra cuentas por cobrar al introducir nuevos productos (Entrepreneur, 2014a).

Mi historia: *Cuando empecé, sólo tenía un contador público. Esto era principalmente para fines fiscales. Después de que el negocio se aceleró y tuve más de 100 pacientes, quise asegurarme de que todos mis recibos se contabilizaran adecuadamente debido al volumen. Fue entonces cuando contraté a un contable. Mi contable ha sido un activo inestimable para todas mis empresas. Simplemente descargo todos mis archivos trimestrales de todos los bancos y tarjetas de crédito a un sitio web seguro y encriptado, y ella los cuenta por mí. Cuando llega la temporada de impuestos, ella envía un archivo electrónico a mi contador público, y mis impuestos se presentan en consecuencia.*

Pagos

Muchos nuevos propietarios de negocios de llamadas a domicilio me preguntan: "*¿Debo pagarme a mí mismo?*". Creo firmemente que sí, aunque no todos lo hacen. Analicemos esta cuestión con detenimiento. Si decide no pagarse a sí mismo, esto significa que no contribuirá a los impuestos locales o federales ni a los puntos que se destinan a su cuenta de Medicare; por lo tanto, cuando esté listo para jubilarse, no tendrá ningún punto aportado a su Medicare. Esto significa que siempre debes pagarte a ti mismo, aunque eso signifique que tu salario vuelva a entrar directamente en el negocio. De este modo, recibirá puntos para su jubilación y contribuirá a su negocio. Si se paga a sí mismo, asegúrese de que está sacando todos los impuestos apropiados, incluyendo los federales, estatales y locales, y todas las demás contribuciones necesarias. Es una buena idea contratar a una empresa de procesamiento de nóminas sin importar el número de empleados que tenga, a menos que quiera ser responsable de preparar y calcular los impuestos federales. La preparación de los impuestos y la impresión de los cheques era un poco más de trabajo del que yo quería involucrarme, así que he estado utilizando una empresa de nóminas desde el principio de mi negocio. Hay muchas de las cuales escoger.

Mi historia: Hemos probado muchas empresas de procesamiento de nóminas y finalmente estamos satisfechos con una empresa local. Asegúrate de mirar el horario de oficina de la empresa de nóminas por si hay una emergencia. Por ejemplo, una empresa local que utilizamos en su día tuvo un fallo informático y nadie cobró. Intenté ponerme en contacto con ellos, pero estaban cerrados los viernes. Ni que decir tiene que, una vez resuelta la debacle, cambiamos de compañía. Moraleja: Elige una empresa que esté abierta el día de pago.

Vacaciones

Cuando hayas ganado suficiente dinero, puedes empezar a pensar en unas vacaciones. A menudo me preguntan si alguna vez me tomo tiempo libre. Mi respuesta es siempre: "Sí y no", porque cuando tienes un negocio, nunca estás de baja, aunque alguien te cubra. Eres el propietario y la responsabilidad recae en ti.

No obstante, la mejor manera de tomarse unas vacaciones es pedir a tu colaborador que te sustituya, y viceversa cuando se tome unas vacaciones. Si tu consulta no tiene papel, asegúrate de que el médico colaborador tiene todos los códigos y sabe cómo entrar en tu sistema para encontrar la información del paciente. Nosotros tenemos una historia clínica electrónica (EMR) basada en la nube, y supone toda la diferencia del mundo cuando alguien está fuera de la ciudad porque los registros están siempre accesibles. También utilizamos ocasionalmente a una enfermera profesional para los fines de semana o las vacaciones.

Siempre digo a los futuros propietarios de negocios que se tomen unas vacaciones cada año una vez que tengan su propio negocio. Si no puedes tomarte unos días libres, tómate unas horas para tener un tiempo de inactividad. Necesitas recargarte para tener más para los demás. ¿Cómo puedes dar a los demás si estás vacío? Ya dicho esto, tú, como director general, estarías siempre de guardia, incluso de vacaciones. Puedes tener gente de guardia para ti, pero como eres la cabeza de la empresa, todo fluye hacia ti: todos los problemas, todos los escenarios, todos los cheques que hay que firmar. Todo pasa por ti. Puedes salir de la ciudad y tener a alguien de guardia, pero si ocurre algo, se te notificará, y sé que no lo harías de otra manera.

Sección

2

Visitas a Domicilio

Capítulo

5

La Cultura Hogareña

“."El hogar es donde te sientes en casa y te tratan bien".

—Su Santidad, el 14ºDalai Lama

Este es mi capítulo favorito de todo el libro. Me encanta porque nunca me había dado cuenta de lo ligada que está la cultura de una persona a su hogar hasta que empecé a hace a hacer visitas a domicilio.

> Lo que me gustaría que te llevaras a casa de este capítulo es cómo tratar compasivamente a los demás con respeto y dignidad en sus casas cuando los visitas, porque, aunque lleves atención primaria y buena voluntad, eres un extraño.

No te metas en el terreno de las visitas a domicilio si te dan miedo las cucarachas. Todos los días visito todo tipo de casas. Algunas son muy bonitas, con mayordomos y criadas. Otras no lo son tanto, con cucarachas y otros bichos que me ponen nerviosa, pero mi atención y compasión son las mismas en ambos casos. Mis expresiones faciales no cambian, y mi forma de hablar alegremente junto a la cama también es la misma. La cuestión es que cuando entras en el hogar, entras en el terreno del paciente. Ya no tienes el control. En algunas de las casas de mis pacientes asiáticos, debo quitarme los zapatos antes de entrar. En esos días, me aseguro de llevar calcetines limpios. En algunas de las casas de mis pacientes acadianos sureños, nunca puedo irme sin probar las anillas de rana fritas o el té helado muy azucarado. Es lo que hay. Hay que estar preparado para cualquier cosa que se te presente y seguir prestando atención primaria con una sonrisa en la cara. Esto es posiblemente muy difícil cuando hay 110 grados dentro de la casa de la dulce Sra. Annie porque no puede permitirse el lujo de arreglar su aire acondicionado todo el día, o cuando hace más frío en la casa de su paciente que afuera, porque tu paciente no tiene dinero para comprar leña. Por cierto, cuando me dispongo a visitar una casa con cucarachas u otros bichos visibles, no llevo mi bolsa médica. Meto todo mi equipo en mis pantalones de carga y mi chaqueta de laboratorio. También tengo siempre cuidado con el lugar donde me siento, porque si hay poca luz, puedo sentarme en algo no identificable. No es lo normal, pero estas cosas ocurren a veces.

El último punto, y el más importante, es que la mayoría de los pacientes van disfrazados a sus visitas a la clínica, por lo que es posible que nunca sepas que viven sin comida, electricidad o agua. Si alguna vez hace una visita a domicilio al azar, podría sorprenderse de cómo viven algunos de sus pacientes. Puede que descubra que algunos no tienen agua corriente o que comparten la electricidad con sus vecinos. He visto de todo. Una vez que veas algunas de las deplorables condiciones de vida, seguro que te traerá un nivel más profundo de compasión a tu corazón cuando atiendas a aquellos que de otra manera no podrían recibir atención sanitaria.

Capítulo 6

Un Día en la Vida de una Enfermera de guardia domiciliaria

"Cada día es un regalo de Dios. No hay garantía del mañana, así que eso me dice que vea lo bueno de este día para aprovecharlo al máximo."

—Joel Osteen

Este capítulo se redactó de una manera que pudiera darle un vistazo cercano y personal de ver lo que realmente se hace en una visita domiciliaria sin estar conmigo. Muchos han venido a

Nueva Orleans para seguirme durante el Curso de Visitas a Domicilio, pero si no lo has hecho, lee este capítulo con mucha atención.

El Curso Domiciliario permite que el alumno me siga el primer día mientras hace llamadas a domicilio en el área de Nueva Orleans. El segundo día del Curso de Llamadas a Domicilio implica una experiencia en el aula que permite al alumno tener un intercambio animado y atractivo de información relacionada con el desarrollo de las llamadas a domicilio y los consejos comerciales cruciales necesarios para el desarrollo del negocio.

A continuación, una descripción de mi día típico

(Se muestra en tiempo militar como un guiño a mi antigua vida como oficial de la Marina).

0500 Me despierta la canción "*Lazy Song*" de Bruno Mars o uno de mis hijos pequeños besándome la nariz.

0730 Llego a la oficina. (La oficina es un lugar físico alejado de mi casa. Esto es bastante significativo para mí porque inicialmente empecé en mi casa y trabajé allí hasta el paso del huracán Katrina). Este lugar tiene aproximadamente 1000 pies cuadrados y tiene cuatro habitaciones: una sala de espera, una sala de examen, un área de administración y mi oficina. Es todo lo que necesitamos para ver a algunos de nuestros pacientes "no tan confinados en casa" que necesitan servicios, como un PAP o la investigación de un lunar. A veces traigo pacientes que viven en zonas realmente peligrosas o pacientes que tienen casas son literalmente peligrosas.

0800 Ahora que facturamos internamente, reviso las EDB (Explicación de Beneficios) y examino los informes de los pagadores. Durante este tiempo, también me informa el director de mi oficina sobre los rechazos, las denegaciones y otros problemas de pago

EDB es la abreviatura de Explicación de Beneficios. Aunque una EDB a menudo se parece a una factura médica, la EDB en realidad le da detalles sobre cómo su compañía de seguros procesó las reclamaciones de seguros médicos. La EDB le indica qué parte de una reclamación se pagó al proveedor de atención médica y qué parte del pago, si la hay, te corresponde a ti. (Elmblad, 2014).

0830 Me aseguro de que mi bolsa esté repleta de desinfectante de manos, puntas de otoscopio, gasas, guantes y cualquier cosa que haya utilizado el día anterior y que deba ser reemplazada.

Tengo asistentes médicos que trabajan para mí. Uno de ellos es el director de la oficina y se encarga de los asuntos financieros. La otra asistente médica es más bien una administradora; es la que, en torno a este tiempo, es llamar a los pacientes con citas para el día para verificar que estarán en casa, así como comprobar de nuevo cualquier problema de última hora con la dirección o el número de teléfono. Por ejemplo, llamamos a cada persona la noche anterior y a veces no recibimos confirmación de que todos estarán en casa. Este MA hace un seguimiento de esas llamadas perdidas para confirmar la visita o para seleccionar a otra persona en un radio de ocho kilómetros para que yo la vea. Sólo veo a los pacientes que están en un radio de ocho kilómetros en un día. Es decir, suelo ver a entre seis y ocho pacientes, todos ellos dentro de un determinado código postal y en un radio de ocho kilómetros, en el mismo día. Esto reduce la gasolina y hace que el proceso sea realmente eficiente.

0900 Los pacientes están confirmados. Están asignados en la aplicación GPS de mi teléfono, y me voy.

0910 Me detengo por gasolina.

0930 Llego a la casa de la Sra. Blu Bayou, mi primer caso del día.

Esta es mi segunda sección favorita de este libro porque describe las vidas de algunos de mis pacientes reales que son típicos de la gente que conozco en un día determinado. Por supuesto, todos los nombres han sido cambiados y algunos rasgos alterados para mantener el anonimato. Representan un pequeño fragmento de las vidas que se pueden tocar a través de las visitas a domicilio.

La señora Bayou tiene 101 años. Tiene hipotiroidismo, artrosis y ERGE. Ella ha sido un paciente de la práctica durante 5 años. Camina 1,5 metros y desatiende al 88% de la AR. Su hermano de 92 años la cuida. No tienen coche y viven en una pequeña casa de tiros cerca del pantano. Una agencia de cuidados personales se encarga de cuidarla y recibe cuidados de enfermería y fisioterapia a domicilio. No toma medicamentos porque son "malos". Lo único que necesita es aceite de ricino y un poco de aceite de coco para que todo funcione. Todas las mañanas toma una taza de té con un chorrito de vinagre. Está confinada en casa debido a sus niveles de oxígeno comprometidos y a su fragilidad general secundaria a los estados de sus enfermedades crónicas. Todos sus medicamentos son entregados por una farmacia local, como es el caso de la mayoría de los pacientes que están confinados en casa.

0950 Salgo de la casa de mi primer paciente, la Sra. Bayou. 1000 Llego a casa de mi segundo paciente, el Sr. Satchmo

El Sr. Satchmo tiene 78 años. Tiene glaucoma, que está empeorando, cáncer de próstata y EPOC. Es relativamente nuevo en la consulta. Todavía conduce y disfruta de un cigarro cubano de vez en cuando. Conoció nuestra consulta a través de una búsqueda en Internet de "médicos a domicilio". Vive en un dúplex. Su hermana mayor vive al lado. Tiene 88 años y todavía trabaja en una biblioteca local. También conduce. El Sr. Satchmo tiene un médico de cabecera habitual, pero quiere tener un proveedor que le visite los días en los que parece más "alicaído". Cada vez que se le ve, todos los documentos se envían a su actual PCP. Recoge sus medicamentos cuando va a la guardería de adultos. No está necesariamente confinado en casa, pero cuando tiene una exacerbación de la EPOC, le proporciono una visita a domicilio y se evita una visita a urgencias.

1045 Salgo de la casa del Sr. Satchmo, mi segundo paciente del día.

1100 Llego a la casa de mi tercera paciente, la Sra. Saint.

La Sra. Saint es probablemente la personalidad más pintoresca que jamás haya conocido. Tiene 82 años y todavía trabaja como enfermera en el banco de sangre local. Se llama a sí misma un vampiro moderno con beneficios. Tiene esquizofrenia, síndrome del intestino irritable, demencia y diabetes. Nunca se toma la medicación de forma correcta, pero se las arregla para mantener su A1C por debajo de 6. "Es la canela, bay-bee", dice con un profundo acento sureño. Es paciente de la consulta desde hace ocho años y dice que nunca se irá. Al igual que el Sr. Satchmo, tiene un médico de cabecera habitual, pero llama a nuestro servicio de visitas a domicilio cuando está demasiado débil para salir de casa. La semana pasada, nos llamaron para una llamada urgente porque, de alguna manera, se le había clavado un trozo de piña en el pie y no podía ver cómo sacarlo. La tratamos en su casa y así se evitó una visita a urgencias

1145 Salgo de la casa.

1200 Almuerzo.

Aquí es donde las cosas se complican. Siempre me esfuerzo por comer de forma saludable cuando me desplazo, haciendo hincapié en la palabra saludable. A decir verdad, es un proceso. Preparo mi comida la noche anterior o planifico estratégicamente para terminar completamente con las visitas de los pacientes a la hora del almuerzo para ir a casa y comer una comida saludable. También puedo comprar opciones de comida rápida más saludables, pero es difícil comer una ensalada mientras conduzco; un burrito, ahora, bueno... Ya te haces una idea. La mayoría de los días, opto por llevar el almuerzo en una bolsa aislante. De este modo, sé exactamente lo que voy a comer. Una comida típica será un puñado de almendras, frutos secos, una barrita de proteínas y un sándwich de mantequilla de maní y mermelada (PBJ). También llevo siempre agua. Siempre

Los sándwiches PBJ son mis favoritos porque no son tan sensibles al calor como una ensalada de atún o cualquier otro sándwich a base de mayonesa.

1300 Acorté el día para volver a la oficina para un seminario web de facturación sobre la nueva codificación ICD-10.

1400 Termino las historias clínicas y devuelvo las llamadas telefónicas.

1500 I'm done for the day. I always try to be done by 1500. This gives me time to spend with the babies.

Capítulo 7

Eligibilidad y Verificación

> *"El tiempo perdido jamás se recupera"*
>
> ***—Benjamin Franklin***

Comprobar la elegibilidad del seguro de un paciente viene primero, antes de realizar cualquier visita a domicilio. Es crucial porque, en la sanidad domiciliaria, el tiempo es oro. Si no comprueba la elegibilidad del seguro de un paciente antes de realizar una visita a domicilio y éste ya no tiene un plan de seguro con el que usted esté acreditado, no se le reembolsará la visita al paciente. Esto es una pérdida de ingresos. Es tiempo perdido. Cuando los pacientes se presentan a una oficia tradicional para un servicio, inmediatamente se les pide la identificación y las tarjetas del seguro. En el caso de las visitas a domicilio, esto puede ser un poco complicado porque a veces la información puede no proceder del paciente, sino de un familiar, un administrador del hospital o un trabajador social.

Lo importante que hay que recordar cuando se verifica el estado de la cobertura es asegurarse de que se siguen las prácticas de la HIPAA cuando se produce el intercambio de información del paciente. Por ejemplo, nunca tome información del paciente a través de un mensaje de texto o un correo electrónico. A veces, las remisiones llegan rápidamente y alguien querrá enviarle un correo electrónico. No acepte esto. Dígale a la persona que envíe la información por fax o que la envíe a través de una HCE encriptada y certificada.

La elegibilidad puede ser evaluada o verificada de

varias maneras. Sin embargo, la primera opción es a través de su HCE. Se trata de una función que suele incluirse con el componente de gestión de la práctica (PM), pero algunos proveedores le permiten adquirirla sin comprar la parte PM si le interesa sólo la HCE como elemento independiente. La siguiente opción es a través de un sitio web llamado Navinet (www.navinet.net). Es gratis, dependiendo de los seguros a los que acceda a través del sitio. Nosotros utilizamos Navinet durante unos cuantos años, hasta que decidimos comprar la verificación de la elegibilidad a través de nuestro software PM. Por último, puede utilizar CortexEDI (www.medicareeligibility.com). También he utilizado éste en el pasado. Los precios merecen la pena, dependiendo del volumen que se compruebe cada mes.

La verificación de la información del paciente se produce cuando usted evalúa la información del paciente de cualquiera de las vías mencionadas para un copago o deducible. Los deducibles de Medicare se deben pagar anualmente, y los copagos se deben pagar después de cada visita o servicio prestado. Es importante tener en cuenta que los descuidos del plan de atención (véase el capítulo 14) son susceptibles de copagos.

Mi historia: Actualmente comprobamos la elegibilidad a través del componente PM de nuestro EHR (HealthFusion). Está basado en la nube y puede utilizarse eficazmente en cualquier dispositivo Apple o Android sin problemas. También facturamos a través de HealthFusion. Es una parada completa para nosotros, que simplifica las cosas y permite una prestación de asistencia sanitaria más rápida a grandes volúmenes de pacientes en múltiples instalaciones y hogares.

Una vez que se ha confirmado la elegibilidad del seguro del paciente y la verificación, viene la confirmación de que el paciente estará en casa - confirmación "paciente-casa" (que se trata en el siguiente capítulo). Todos estos pasos son cruciales porque no quiere perder dinero visitando a un paciente que ya no está en su plan, o perder tiempo visitando a un paciente que no está en casa. El tiempo perdido realmente no se vuelve a encontrar. El tiempo perdido es dinero perdido en el negocio de las visitas a domicilio.

Capítulo 8

Confirmación, Seguridad Y Cómo Vestirte

"¿Hay algo más molesto y espeluznante que un código de vestimenta tácito?"

—Douglas Coupland

Confirmación

La Confirmación de Casa del paciente implica hablar con alguien *antes* de la visita a domicilio. Esta conversación es necesaria para confirmar que el paciente estará en casa y para reconfirmar la dirección en la que se producirá la visita a domicilio. Una vez establecido el horario, trazo todas mis visitas de acuerdo con una ubicación geográfica de cinco millas utilizando *MapQuest* o una aplicación GPS en mi teléfono. (Ésta es sólo una de las muchas maneras de programar tu día. Quiere ser lo más eficiente posible).

Seguridad

Siempre les digo a los médicos que se inician en el campo de las visitas a domicilio que estén muy atentos, especialmente en las zonas que no conocen. Al final, tengo unas cuantas reglas sencillas:

- No hable por teléfono ni envíes mensajes de texto en el trayecto entre el coche y la casa.
- Siga conduciendo si algo parece o se siente "raro". Tengo fama de hacer un "drive-by" si alguien que no reconozco está sentado en el porche. En estos casos, simplemente le digo al paciente que voy a reprogramar, y luego vuelvo cuando no hay moros en la costa.

- Cambie su rutina. Por ejemplo, no vea al mismo paciente todos los miércoles a las 08:00. De todos modos, siempre es mejor dar una franja horaria (de 9 a 11, por ejemplo).

- Siempre tenga su tanque de gasolina lleno.

- Señoritas, nunca suban a un ascensor con un hombre extraño o con varios hombres. Utilicen su instinto y el tipo de edificio en el que se encuentran para saber qué hacer.

- Si viaja a zonas más urbanas y "de barrio", vaya temprano y llame siempre a los pacientes cuando esté a unos cinco minutos de distancia. Quiere ser buscado.

- Cuando entre en una casa, conozca siempre las salidas y busque otras formas de salir en caso de que ocurra algo. Por costumbre, cada vez que entro en una casa, empiezo a mirar inmediatamente cuántas cerraduras tienen las puertas, los pestillos de las ventanas, las persianas, los sistemas de alarma, las cámaras de seguridad, las rejillas de las ventanas (las rejillas de las ventanas pueden ser una barrera en caso de que tengas que saltar por la ventana para escapar, es mejor evaluar estas cosas desde el principio) y las escaleras de incendios. Ya es algo natural.

- Pide que las mascotas estén enjauladas si son grandes o molestas. Lo último que necesita es que lo muerdan.
- Intente que su bolsa no sea demasiado pesada. Si tiene que huir de los perros o de la gente, tiene que ir ligero de equipaje.
- Póngase en contacto con la oficina a menudo cuando esté de viaje. A menudo llamo a la oficina para informarles de dónde estoy. Lo hago entre todos los pacientes o al menos después de cada dos pacientes. Esto permite al personal saber su paradero y también le permite recibir cualquier actualización o cambio de paciente que pueda haber ocurrido para los pacientes que se dirige a visitar.
- La gente siempre me dice que lleve una maza. Está en algún lugar de mi bolso, pero soy demasiado torpe para usarla. Me imagino que

probablemente me rociaría a mí mismo, así que, para mí, lo mejor es estar hipervigilante, pasar desapercibido y no dejar que los mensajes de texto o hablar por teléfono sean una distracción para mi seguridad.

Qué Vestir

- A menudo me preguntan cuál es el atuendo apropiado para las visitas a domicilio. Por supuesto, me encantan las listas con viñetas, así que mire las siguientes recomendaciones:
- Lleve zapatos cerrados. Esto es necesario porque nunca se sabe lo que se puede encontrar en la casa de alguien, especialmente si se camina por zonas poco iluminadas. Prefiero los uniformes, pero por lo general del tipo más elegante que puede fluir fácilmente en una cena farmacéutica después del trabajo.
- Suelo llevar una bata de laboratorio de cualquier color menos blanca, o una chaqueta ligera tipo cortavientos con el logotipo de la empresa.
- Lleve siempre la etiqueta con su nombre o el

distintivo de la empresa. Esto le da un aspecto profesional y añade credibilidad.

- Siempre que sea posible, lleve un atuendo con el logotipo de su empresa. Es una publicidad constante para su empresa. No puedo decirle cuántas personas miran el logotipo de mi empresa en mi ropa y preguntan: "¿Dónde están ubicados?" o "¿Qué tipo de negocio es ese?". Esto es marketing gratuito.

- Lleva ropa de quirófano o ropa de calle informal. Evalúe su barrio para ver qué debe llevar. Por ejemplo, cuando voy a una zona más urbana, me pongo un guardapolvo de aspecto informal con una camiseta a juego. Cuando voy a una zona más acomodada, me pongo un atuendo más informal de negocios. La idea es mezclarse con la clientela a la que se atiende.

Para terminar, cuando haga una visita a domicilio o una visita a la casa, querrá ser lo más profesional posible tanto en la acción como en la vestimenta, pero no excesivamente vestido como podría ser en un entorno de oficina tradicional. Aprovecha también cualquier oportunidad para mostrar la marca de su empresa. Recibo muchas preguntas sobre mi logotipo y su significado. Siempre es el momento de promocionar y educar al público sobre el maravilloso campo de las visitas a domicilio.

Capítulo

9

Típicos Procedimientos en Llamadas a Domicilio y Códigos

"Primero tienes que aprender las reglas del juego y después jugar mejor que nadie."

—Albert Einstein

La facturación y la codificación son las dos reglas maestras en el ámbito de las visitas a domicilio. Cuanto antes aprenda todo lo que hay que saber sobre ellos, mejor será para usted y para su consulta. Como ya se habrá dado cuenta, he desglosado el tema de la facturación y lo he dispersado en este libro porque es un tema denso que a todos nos gusta odiar pero que necesitamos desesperadamente para seguir teniendo éxito.

Codificación de Procedimientos

Estos códigos pueden ser utilizados en pacientes de salud en el hogar, pacientes de hospicio, o en cualquier otro paciente que es visto en el hogar o en un centro de vida asistida por un NP / PA / MD o cualquier otra persona autorizada para facturar por los servicios de evaluación y gestión (E & M).

Toda la información de codificación siguiente fue recuperada de la función de búsqueda de CMS (2013) Physician Fee Schedule.

69210 y G0268: Incluyen la realización del procedimiento para uno o ambos oídos y deben facturarse sólo una vez por visita. Facture el 69210 para la extracción médicamente razonable y necesaria de cerumen impactado que requiera la habilidad de un médico. Facture G0268 sólo cuando la habilidad del médico sea necesaria para eliminar el cerumen impactado el mismo día que la prueba de función audiológica realizada por su audiólogo empleado. Si el audiólogo elimina el cerumen, no puede facturar el código HCPCS G0268 ni el código CPT 69210. En este caso, la eliminación del cerumen no requiere la habilidad de un médico y se considera incluida en el pago de la prueba audiológica.

Eliminación del cerumen: Lavado de oído Welch Allyn

Sistema o jeringa metálica. Código: 69210.

Reembolso: 40 dólares.

Extracción de cuerpos extraños del oído: Sistema de lavado de oído de Welch Allyn o jeringa metálica. Código: 69200

Reembolso: 40 dólares.

El código HCPCS G0268 debe facturarse en la misma reclamación que la(s) prueba(s) de función audiológica realizada(s). Este código también está sujeto a las reglas de cirugía múltiple cuando se factura con otro(s) procedimiento(s) quirúrgico(s) realizado(s) en la misma fecha de servicio. El mismo médico puede facturar un servicio de E&M en el mismo día que el 69210 o el G0268 sólo si la documentación apoya que es un servicio significativo identificable por separado en el mismo día que el procedimiento. En estos casos, se debe añadir el modificador 25 al código E&M. Los CMS considerarán el pago tanto de la visita E&M como de la remoción del cerumen sólo cuando se cumplan todos los criterios siguientes: la naturaleza de la visita E&M es para cualquier cosa que no sea la remoción del cerumen; durante un encuentro con el paciente no relacionado, el médico observa el cerumen impactado o el paciente presenta una queja específica acerca de su oído durante el encuentro; el examen otoscópico de la membrana timpánica no es posible debido a la impactación; la remoción del cerumen impactado requiere la experiencia del médico o del personal no médico y es personalmente realizado por ellos; y el procedimiento requiere una cantidad significativa de tiempo y esfuerzo y todos los criterios anteriores están claramente documentados en la historia clínica del paciente.

Procedimientos adicionales en casa

Máquina ABI: Índice Braquial de Tobillo. Código: 93922.

Reembolso: 100-125 dólares por estudio.

Espirometría: Prueba de Función Pulmonar. Código: 94010. Reembolso: 30-40 dólares por estudio.

Capítulo

10

Formularios 485 y 487, y Órdenes Telefónicas

"Si no te gusta cómo son las cosas, ¡cámbialas! No eres un árbol."

—Jim Rohn

Si estará trabajando con HHAs o agencias de cuidados paliativos, este es un capítulo importante para usted. Se trata de documentos muy importantes que son necesarios para que las HHAs presten atención domiciliaria a su paciente y requieren su firma de médico (si aplica).

Formulario CMS 485

El formulario 485/CMS485 es también conocido como el Plan de Cuidado. El 485 es un formulario que debe ser firmado por el médico para que la HHA pueda prestar atención y facturar a Medicare. Esta es la forma que inicia el cuidado de un paciente o reinicia el cuidado después de una hospitalización. Un NP o PA no puede firmar este plan de cuidado.

Órdenes Telefónicas

Las órdenes telefónicas tampoco pueden ser firmadas por los PN. Esto significa que tendrá que averiguar el sistema que mejor funcione para usted y su colaborador para conseguir la firma del médico. Lo que hacemos actualmente es que el colaborador firme los 485 y las órdenes cuando viene a la clínica, o yo se los entrego personalmente en su despacho para que los firme. Es una situación en la que todos salimos ganando, porque a menudo aprovecho este tiempo para hablar con él de pacientes complejos.

Formulario CMS 487

Un formulario 487 es un formulario que debe ser firmado por un médico para que la HHA documente nuevas órdenes no cubiertas en el 485. Al igual que con el 485, un NP/PA no puede firmar el formulario 487.

Como ya se ha dicho, los enfermeros y los asistentes personales aún no pueden firmar órdenes de HHA, 485 o 487. Es posible que oiga que los PN y los AP pueden al menos firmar las órdenes, pero esto no es cierto.

Todavía no se ha aprobado ninguna ley o reglamento federal o estatal que permita a estos profesionales sanitarios firmar órdenes o 485 y 487, aunque hay proyectos de ley pendientes de aprobación sobre este tema tan candente. Creo que la profesión de PN está haciendo todo lo posible para presionar para que se produzca un cambio en este ámbito y que es sólo cuestión de tiempo que se apruebe el proyecto de ley.

Capítulo

11

Cuidados de Emergencia

"Transforma siempre una situación negativa en una positiva."

—Michael Jordan

El objetivo de la atención primaria basada en el hogar es mantener al paciente fuera de las urgencias. En mi consulta, sólo tratamos enfermedades crónicas, y animamos a nuestros pacientes a llamar al 911 para todas las situaciones de emergencia, como el dolor en el pecho, el aumento de la disnea y otros escenarios que amenazan la vida. También se les aconseja que llamen a nuestra consulta una vez que sean dados de alta del hospital. Suelo hacer un seguimiento a domicilio en los siete días siguientes al alta hospitalaria.

Existen varias opciones de diagnóstico para mantener a su paciente en casa. Una herramienta muy útil es la radiografía portátil. Si investiga detenidamente en su zona, puede descubrir que varias empresas locales ofrecen este servicio inestimable que evita que su paciente tenga que ir a urgencias para una simple radiografía de tórax. La máquina de rayos X digital portátil de hoy en día puede aprovechar las últimas innovaciones en tecnología de imágenes médicas -que, como usted sabe, se ha reducido no sólo en tamaño físico, sino también en coste- al tiempo que proporciona más capacidades y versatilidad que nunca. Gracias a la tecnología digital, los modernos equipos de rayos X portátiles no necesitan película ni revelado, gracias a DICOM (*Digital Imaging and Communications in Medicine* - Imágenes Digitales y Comunicaciones en Medicina).

DICOM es una capa de aplicación para la transmisión de imágenes médicas, formas de onda e información adjunta. La Asociación Nacional de Fabricantes Eléctricos (NEMA - National Electrical Manufacturers Association) desarrolló originalmente DICOM y el Colegio Americano de Radiología para las imágenes de tomografía axial computerizada (TAC) y resonancia magnética (RM). Ahora está controlado por el Comité de Normas DICOM y admite una amplia gama de imágenes médicas en los campos de la radiología, la cardiología, la patología y la odontología. (Rouse, 2011)

Las imágenes tomadas con una máquina de rayos X digital portátil se guardan en un formato totalmente compatible con los últimos protocolos DICOM y "pueden transferirse fácilmente a cualquier PC equipado con software DICOM y [luego] almacenarse, enviarse por correo electrónico, archivarse y/o mejorarse" (Blocker, 2010).

Mi historia: A menudo, una enfermera de la HHA o una enfermera de un centro de vida asistida me llama para hablar de un paciente que suena mal respiratoriamente pero que está afebril. Instintivamente pido una radiografía de tórax para ver qué puede estar pasando en los pulmones. He detectado muchos derrames pleurales, o neumonías, y he ahorrado a los pacientes visitas a urgencias con intervenciones médicas rápidas.

Siempre, mi objetivo es mantener al paciente fuera de Urgencias, y la radiología móvil es a menudo la única herramienta de diagnóstico a la que recurro para ayudarme en mi decisión de diagnóstico.

Capítulo

12

Llamadas fuera de Horario y Cuidados

"Que confíen en ti es un cumplido mayor que ser amado."

—George MacDonald

Es una buena idea tener un servicio de atención telefónica en vivo para responder a sus llamadas o tener un correo de voz que indique claramente su horario de oficina, así como lo que el paciente debe hacer si se ha producido una emergencia fuera del horario de oficina regular. La mayoría de las compañías de seguros lo exigen ahora. He tenido éxito con un programa llamao Ring-A-Doc. Es un servicio de contestador automático en el que el paciente puede dejar un mensaje. Si es urgente, el paciente pulsa un botón para indicarlo, y entonces el proveedor de guardia (yo) es llamado inmediatamente por la aplicación del iPhone. Me gusta, pero estamos investigando para asegurarnos de que es compatible con nuestros nuevos planes de salud. El precio es excelente, 50 dólares al mes, frente a los más de 150 dólares mensuales que cobran los proveedores tradicionales de servicios de respuesta.

Mi historia: Muchos de mis pacientes tienen mi número de teléfono móvil. Así es, tienen mi número directo. Me doy cuenta de que esto da a la familia una cierta medida de confianza al permitirles tener mi número de móvil. Lo curioso es que rara vez lo utilizan. Curiosamente, ¡los médicos me llaman más! Cuando los pacientes y sus familias saben que tienen acceso completo a ti, lo consideran un honor y normalmente no abusan de ello.

Capítulo 13

Contratación de Compañía de Seguros

Nada es imposible, ¡la palabra misma dice 'Soy posible'!"

—Audrey Hepburn

Hay varias compañías de seguros entre las que elegir. Algunas son más favorables a los NP que otras, lo que significa que algunas compañías de seguros no permitirán a los NP en su plan a menos que el profesional esté vinculado con un MD. Otros sugerirán que pagan a los PN al menos un 30% menos de lo que Medicare paga a un PN. En vista de ello, prepárese para solicitar lo contrario y para luchar por sus derechos y los servicios de sus pacientes. Por ejemplo, cuando volví por primera vez a Nueva Orleans después del huracán Katrina, no me permitieron entrar en un determinado plan de seguros, a pesar de que no había ningún otro proveedor en la zona que pudiera hacer visitas a domicilio. Escribí cartas y llamé durante unos meses y finalmente me permitieron entrar en el plan. El administrador del plan me dijo más tarde que ninguna enfermera o asistente personal en el estado de Luisiana había pedido estar en el plan antes de que yo lo hiciera.

Por favor, no tenga miedo de obtener credenciales en todos los planes que permiten a los NP y PA. Además, considere incluir la búsqueda de las compañías de seguros que no permiten que los NP tengan un panel. Es una hazaña pionera buscar las compañías que no consideran a los profesionales de enfermería para ser incluidos o considerados para un panel de pacientes. Si consigue una compañía que no ha incluido a los NP en el pasado, sería un triunfo monumental para la profesión y una victoria para su empresa que seguro que le hará presumir. Se sorprenderá de lo que puede hacer un poco de persistencia. Al fin y al cabo, nada es imposible. Sa imparable y persistente en la promoción de su profesión.

Capítulo 14

Historias Clínicas Defensoras y la Facturación

"La forma de empezar es dejar de hablar y empezar a hacerlo."

—Walt Disney

La facturación y la tramitación de las solicitudes constituyen el núcleo de cualquier consulta médica. Si usted o su facturador designado fallan aquí, nadie come.

Es un área difícil de dominar, pero todo profesional sanitario debería aprender los entresijos de la facturación. Quiero decir que en este caso hay que aprender haciendo. Esto es algo que debes hacer, porque, al fin y al cabo, el proveedor médico, no el facturador, tiene el número de proveedor.

Historias Clínicas Defensoras

Si realiza una visita domiciliaria a un beneficiario de Medicare, debe demostrar que el paciente tiene dificultades considerables para salir de su casa y que por este motivo ha realizado una visita domiciliaria en lugar de que el paciente acuda a una visita tradicional del proveedor. La siguiente declaración se proporciona para todas mis visitas a domicilio:

El paciente ha sido atendido hoy en su propio entorno porque, en mi opinión profesional, los riesgos para la salud del paciente de una visita al consultorio superan con creces los beneficios, y la visita a domicilio es, por lo tanto, médicamente necesaria en lugar de una visita al consultorio u otro lugar ambulatorio.

Una vez que haya dominado el método de la

historia clínica defensora, es el momento de facturar y procesar sus solicitudes a partir de dicha historia.

Facturación

Antes de que usted o su empresa de facturación comiencen a procesar las solicitudes, debe tener configurados con su facturador todos los números de proveedor del plan de seguros de Medicare, Medicaid y las compañías que planea facturar con su facturador. Necesitará un NPI para usted, así como un NPI de grupo para la empresa, incluso si va a ser un proveedor en solitario. El NPI es un número de identificación único para los proveedores de asistencia sanitaria cubiertos (tanto individuales como de grupo). Los proveedores de atención sanitaria cubiertos y todos los planes de salud y centros de intercambio de información sanitaria deben utilizar los NPI en las transacciones administrativas y financieras adoptadas en virtud de la HIPAA. Según los CMS (2012, p. 2), "El NPI es un identificador numérico de 10 posiciones, sin inteligencia (número de 10 dígitos). Esto significa que los números no llevan otra información sobre los proveedores de atención sanitaria, como el estado en el que viven o su especialidad médica. El NPI debe utilizarse en lugar de los identificadores de proveedores heredados en las transacciones de las normas HIPAA".

Como he señalado, necesitará su propio NPI (individual) y otro NPI separado para su grupo antes de empezar a facturar. Por ejemplo, Sally, una enfermera titulada, va a abrir su propia consulta, Housecalls on the Dock. Sally tendrá su propio NPI como NP y luego solicitará un NPI de grupo para Housecalls on the Dock. Una vez que haya obtenido el NPI de grupo, lo utilizará en todos los formularios de inscripción de Medicare para obtener un número de proveedor de grupo.

Si subcontrata la facturación, deberá pagar entre el 5% y el 10% de los reembolsos de las compañías de seguros. No es barato, pero un mal facturador hundirá tus beneficios, hará que te auditen o cerrará tus puertas. Elige bien. Pida referencias e investigue bien a los facturadores antes de firmar un contrato. De una buena empresa de facturación, deberías recibir informes mensuales sobre tus estadísticas financieras. Si no lo recibe, pídalo.

Hemos subcontratado la facturación durante los últimos 10 años, pero recientemente hemos trasladado la facturación a la empresa, haciéndola nosotros mismos para ahorrar todos esos gastos de facturación que normalmente se pagarían a una empresa de facturación externa. La facturación y la búsqueda de la rentabilidad de su práctica con respecto a lo que puede permitirse es un equilibrio delicado. Investigamos muchos sistemas de historia clínica electrónica que tenían un componente de facturación. La mayoría de los EHRs vienen de forma independiente o con el componente de facturación combinado como una unidad, que a veces se llama la

función de gestión de la práctica. Algunas empresas ofrecen un EHR gratis, pero quieren el 5%-7% de los beneficios a cambio del uso gratuito de su producto. En estos casos, si no tuviéramos reembolsos mensuales de al menos 1.500-75.000

dólares, nos habrían cobrado una cuota mensual automática de entre 600 y 1.500 dólares, dependiendo del sistema. Por último, algunos sistemas de HCE permiten prescindir de sus servicios de facturación, pero entonces hay que pagar la suscripción mensual, que oscila entre 500 y 1.200 dólares al mes.

El mejor consejo que puedo darle es que te tomes tu tiempo y encuentres la solución adecuada para usted. Tenga en cuenta que no existe un sistema perfecto. No se deje engañar por los vendedores.

Si puede, tome algunos cursos de facturación y codificación. Con todas las nuevas leyes relativas a la CIE-10, tienes que estar al tanto de lo que hace tu facturador. Después de todo, como me dijeron los auditores: "La responsabilidad de la facturación y la codificación recae en el proveedor porque tú tienes el número, no el facturador". Es escalofriante pero cierto. Aprende con la práctica.

Supervisión del Plan de Cuidados

Lo siguiente fue recuperado de CMS (2014).

La supervisión del plan de cuidados (CPO - Care Plan Oversight) es la supervisión por parte del médico de un paciente que recibe cuidados complejos y/o multidisciplinarios como parte de los servicios cubiertos por Medicare proporcionados por una agencia de salud a domicilio participante o un hospicio aprobado por Medicare. Los servicios de CPO requieren modalidades de atención complejas o multidisciplinarias que implican:

- Elaboración y/o revisión periódica por parte del médico de los planes de atención;
- Revisión de los informes posteriores sobre el estado del paciente;
- Revisión de los estudios de laboratorio y otros relacionados;
- Comunicación con otros profesionales de la salud no empleados en la misma consulta que participan en la atención del paciente;
- Integración de la nueva información en el plan de tratamiento médico; y/o ajuste de la terapia médica.

Los servicios de CPO requieren una supervisión médica recurrente de un paciente que implique 30 o más minutos de tiempo del médico al mes. Los servicios no contabilizables para el umbral de 30 minutos que deben prestarse para facturar la CPO incluyen, entre otros, los siguientes: El tiempo asociado a las conversaciones con el paciente, o con sus familiares o amigos, para ajustar la medicación o el tratamiento;

- Tiempo empleado por el personal en conseguir o archivar historias clínicas;
- Tiempo de viaje; y/o
- El tiempo que el médico dedica a la entrega de recetas por teléfono al farmacéutico, a menos que la conversación telefónica incluya discusiones sobre terapias farmacéuticas.

El concepto de CPO lleva implícita la expectativa de que el médico ha coordinado un aspecto de la atención del paciente con la HHA o el hospicio durante el mes en el que se facturaron los servicios de CPO. El médico que factura por CPO debe ser el mismo que firma el plan de atención.

Los NP, PA y especialistas en enfermería clínica (CNS), que ejercen dentro del ámbito de la ley estatal, pueden facturar por la supervisión del plan de atención. Los profesionales no médicos deben haber estado proporcionando atención continua al beneficiario mediante servicios de evaluación y gestión. Estos profesionales no médicos no pueden facturar la CPO si sólo han participado en la prestación del servicio de salud a domicilio o de cuidados paliativos cubierto por Medicare.

Salud en Casa

CPO G0181

La siguiente información de codificación procede de CMS (2013a).

Los profesionales no médicos (NPP, por sus siglas en inglés, es decir, NP y PA) pueden realizar CPO sólo si el médico que firma el plan de atención proporciona atención continua regular bajo el mismo plan de atención que hace el NPP que factura por CPO y ya sea:

- El médico y el NPP forman parte del mismo grupo de práctica; o
- Si el NPP es un NP o CNS, el médico que firma el plan de atención también tiene un acuerdo de colaboración con el NPP; o
- Si el NPP es un PA, el médico que firma el plan de atención es también el médico que proporciona la supervisión general de los servicios de asistente médico para la práctica.

Se pueden facturar los servicios de CPO prestados por un NPP cuando:

- El NPP que proporciona la CPO ha visto y examinado al paciente;
- El NPP que proporciona la CPO no está funcionando como un consultor cuya participación se limita a una sola condición médica en lugar de la coordinación multidisciplinaria de la atención; y
- El NPP que proporciona la CPO integra su atención con la del médico que firmó el plan de atención (CMS, 2013a).

Los NPP no pueden certificar al beneficiario para la asistencia sanitaria a domicilio.

Certificación (G0180) y recertificación (G0179) de servicios de salud a domicilio

Según CMS (2013a):

G0180 se utiliza para informar de los servicios del médico para una certificación inicial de los servicios de salud a domicilio cubiertos por Medicare. Este código se utiliza cuando el paciente no ha recibido servicios cubiertos por Medicare durante al menos 60 días.

G0179 se utiliza para informar de los servicios del médico para la recertificación de los servicios de salud en el hogar cubiertos por Medicare. Este código se utiliza después de que un paciente haya recibido servicios durante al menos 60 días (o un período de certificación) cuando el médico firma la certificación después del período de certificación inicial. El código HCPCS G0179 se reportará sólo una vez cada 60 días, excepto en la rara situación de que el paciente comience un nuevo episodio antes de que transcurran 60 días y requiera un nuevo plan de atención para iniciar un nuevo episodio.

No es necesario que el médico ordenante tenga

un encuentro cara a cara (F2F) con el paciente para facturar estos servicios si el NP colaborador está visitando al paciente. Sin embargo, el médico colaborador debe firmar el formulario F2F. En realidad, yo firmo el F2F y luego hago que mi médico colaborador lo confirme. Todas las órdenes de los médicos de salud en el hogar y las órdenes verbales posteriores de salud en el hogar deben ser firmadas por el médico colaborador antes de que una HHA factura de Medicare.

¿Qué servicios médicos se incluyen en estos códigos?

Los servicios que se incluyen en estas categorías podrían ser los siguientes:

- la verificación de que la HHA cumple con el plan de cuidados del médico; y
- un médico no puede contar el tiempo de certificación/recertificación para el mínimo de 30 minutos mensuales de CPO.

¿Quién puede facturar estos códigos?

Estos códigos se han restringido a los médicos que están autorizados a ordenar/certificar que se requieren servicios de salud en el hogar. Las HHAs no pueden facturar estos códigos de médicos. Los siguientes médicos pueden ordenar los servicios de salud en el hogar de Medicare:

1. Médico
2. Podólogo
3. Osteópata
4. Psiquiatra

Los PA, NP y quiroprácticos no pueden firmar órdenes para los servicios de salud en el hogar cubiertos por Medicare y, por lo tanto, no pueden facturar utilizando estos códigos médicos para la certificación o recertificación.

Hospicio

CPO G0182 con modificador GV según CMS (2013a)

El médico tratante (o el NP que haya sido designado como médico tratante) puede facturar la CPO de hospicio cuando actúe como médico tratante. Un médico de cabecera es aquel que ha sido identificado por el individuo, en el momento en que elige la cobertura del hospicio, como el que tiene el papel más importante en la determinación y prestación de su atención médica.

El médico de cabecera designado no está empleado por el centro de cuidados paliativos ni es remunerado por éste. Los servicios de CPO se facturan mediante el formulario CMS-1500 o su equivalente electrónico.

De acuerdo con la Regla Final del Programa de Tarifas para Médicos, publicada en el Registro Federal en 2009, los NP, PA y CNS, que ejercen dentro del ámbito de la ley estatal, pueden facturar por CPO.

Los NPP están autorizados a facturar por CPO de salud en el hogar del médico a pesar de que los NPP no pueden (1) certificar a un paciente para los servicios de salud en el hogar y (2) firmar el plan de atención.

En el caso de los beneficiarios que hayan elegido la prestación de cuidados paliativos, los médicos o PN que hayan sido identificados por un beneficiario como su médico de cabecera pueden presentar reclamaciones por CPO.

En el caso de los médicos o NP que estén empleados por una agencia de cuidados paliativos, la CPO no es pagadera por separado porque el médico es pagado directamente por la agencia de cuidados paliativos.

A continuación, se exponen otras cuestiones a tener en cuenta en relación con la facturación de la CPO:

- El pago de los servicios de CPO del plan de salud domiciliaria de NP/PA/MD (código HCPCS G0181) no es más que una vez por mes calendario por paciente y es, en promedio, de 65 dólares por paciente por mes;
- El pago de los servicios de CPO de hospicio NP/PA/MD (código HCPCS G0182 con modificador GV) cuando es facturado por un NP es, en promedio, de 100 dólares por paciente y mes;
- El pago de los servicios de NP/PA/MD CPO de hospicio bajo el código HCPCS G0182 no es más que una vez por mes de calendario por paciente. La media de pago es de 60-80 dólares al mes.

Facturación de incidencias para el NP y el PA

La facturación "incidental" se refiere a la facturación al proveedor de los servicios y suministros que realiza el personal auxiliar. Medicare define al proveedor médico como un profesional que incluye a los PN, CNS, enfermeras comadronas certificadas, MD, PA, psicólogos clínicos, trabajadores sociales clínicos y PT y OT. El proveedor médico debe ver primero al paciente y desarrollar un plan de atención e iniciar el curso del tratamiento. El servicio de incidencias prestado por el personal auxiliar es entonces una parte incidental del tratamiento del paciente. El paciente puede acudir al personal auxiliar para continuar el tratamiento del problema inicial que se presentó al proveedor (NP/PA/MD).

Si el personal auxiliar descubre un nuevo problema en una visita, el paciente debe ser remitido de nuevo al proveedor para que lo evalúe y desarrolle un nuevo plan de atención y un nuevo plan de tratamiento. El proveedor médico debe demostrar una participación activa en el cuidado continuo del paciente, como la prestación de servicios de forma regular que refleje la participación de forma continua. El reembolso se basa en el 100% del importe de la tarifa del proveedor (Reimbursement Task Force, 2012).

Otra consideración en el marco de la disposición sobre incidentes de Medicare es permitir que los servicios prestados por un NPP sean reembolsados al 100% de la tarifa del médico facturando bajo el nombre del médico y el NPI. Puede haber algunos ámbitos de la práctica en los que el NPP, como un APRN, facturaría por incidente para aumentar el reembolso del 85% al 100% de la tarifa del médico.

Es necesario cumplir ciertos requisitos antes de facturar el incidente:

1. Los servicios deben ser una parte integral, aunque incidental, del servicio profesional del proveedor.
2. Los servicios son de un tipo comúnmente proporcionado en las oficinas o clínicas de los proveedores.

3. Los servicios se prestan bajo la supervisión personal directa del proveedor y son prestados por éste o por una persona que es empleada o contratista independiente del proveedor. La supervisión directa no requiere la presencia del proveedor en la misma sala, pero el proveedor debe estar inmediatamente disponible.

4. El proveedor debe realizar todas las visitas iniciales a domicilio y las posteriores con una frecuencia que refleje su plan de tratamiento propuesto (CMS, 2013a).

5. El proveedor bajo cuyo nombre y número se presenta la factura debe ser la persona presente en el consultorio cuando se presta el servicio.

6. La documentación de la historia clínica del paciente debe coincidir con el servicio facturado.

Los servicios incidentales pueden estar cubiertos en algunas zonas médicamente subatendidas en las que sólo hay unos pocos proveedores disponibles para prestar servicios en amplias zonas geográficas o a una gran población de pacientes. La falta de personal médico (y, en muchos casos, de una HHA que preste servicio en la zona) reduce considerablemente la disponibilidad de determinados servicios médicos para los pacientes confinados en casa. Por ello, algunos médicos y clínicas dirigidas por médicos recurren a enfermeras y otro personal paramédico para que presten estos servicios bajo supervisión general (y no directa). En algunas zonas, esta práctica ha tendido a convertirse en el método aceptado de prestación de estos servicios. En el caso de las situaciones de falta de servicios médicos, se deben seguir cumpliendo los siguientes criterios:

1. El paciente debe estar confinado en casa. No se trata necesariamente de que esté postrado en una cama, sino de que las ausencias del hogar sean poco frecuentes, normalmente para recibir tratamiento

médico, y existe una incapacidad normal para salir de casa, y hacerlo supondría un esfuerzo desalentador o agotador.

2. El servicio es una parte integral del servicio del proveedor al paciente y se realiza bajo la supervisión general del proveedor por parte de los empleados del proveedor o de la clínica. La supervisión general no requiere que el proveedor esté físicamente presente cuando se realiza el servicio. El personal auxiliar se pone en contacto inmediatamente con el proveedor si se necesita una orientación asistencial adicional (CMS, 2013a).

3. No se considerará la cobertura si existe una agencia de asistencia sanitaria a domicilio participante que pueda prestar los servicios necesarios de forma puntual.

Se permite la realización de una gran cantidad de servicios bajo la supervisión general de un proveedor por parte de un proveedor de atención domiciliaria, incluyendo inyecciones, venopunción, electrocardiogramas, ejercicios terapéuticos, inserción e irrigación estéril de un catéter, cambio de catéteres y recogida de muestras de catéteres para análisis de orina, cambios de apósitos, sustitución y/o inserción de sondas nasogástricas y eliminación de impactación fecal (incluso con enemas), por nombrar algunos (CMS, 2012).

Para consultar otros códigos de facturación, véase el Apéndice I.

Capítulo

15

Auditorías

"Los ganadores se acostumbran a fabricar sus propias expectativas positivas antes del evento."

—Brian Tracy

Recuerdo que recibí el sobre de Advanced Medical solicitando más de 20 historias clínicas. Advanced Medical es una agencia contratada por Medicare para realizar auditorías a los proveedores de servicios sanitarios. Es una de las muchas agencias de este tipo.

Mi corazón se hundió porque no sabía qué hacer, en ese momento, no sabía lo que significaba recibir una solicitud de registros. No sabía que se avecinaba una pesadilla. Nos auditaron durante el periodo inmediatamente posterior al huracán Katrina. Estaba cabizbajo ante la idea de ser auditado, pero rápidamente me di cuenta de que tenía que localizar a toda prisa un montón de datos que se habían perdido definitivamente. Llamé al proveedor para explicarle mi situación. Los gráficos que faltaban del Katrina fueron sustraídos y sustituidos por otros.

En un principio, completé mis propias respuestas en las dos primeras fases, pero luego contraté a un bufete local para que se encargara de las últimas. Fue un largo proceso que se alargó durante tres horribles años, pero al final salimos victoriosos. Si hubiéramos perdido, habríamos tenido que devolver cientos de miles de dólares. A lo largo de la experiencia, me mantuve positiva y visualicé la victoria a pesar de estar muy estresada y emocional. Creo que este estado de ánimo positivo me ayudó, junto con una gran cantidad de oraciones diarias para obtener fuerza.

Consejos para la auditoría: Mantener la documentación adecuada del estado de confinamiento en el hogar

Por CMS (2013b):

En el marco de la prestación sanitaria a domicilio (Medicare Parte A), el beneficiario debe estar confinado en su domicilio para que los servicios estén cubiertos. En el caso de los servicios a domicilio prestados por un médico de guardia utilizando estos códigos, no es necesario que el beneficiario esté confinado en su casa. La historia clínica debe documentar la necesidad médica de la visita a domicilio realizada en lugar de una visita a la consulta o al ambulatorio.

La visita se considerará una visita de conveniencia a menos que el expediente médico documente claramente la necesidad de cada visita.

Cumpla con todos los requisitos de documentación

El CMS (2013b) afirma, además:

En apoyo de [la historia clínica que documenta claramente la necesidad de cada visita a domicilio], la documentación de cada encuentro con el beneficiario debe incluir como mínimo:

- Motivo del encuentro y antecedentes relevantes;
- Hallazgos de la exploración física y resultados de pruebas diagnósticas previas, si procede;
- Evaluación, impresión clínica o diagnóstico; y
- Plan de atención médica.

Por lo tanto, un diagnóstico pagadero por sí solo no respalda la necesidad médica de ningún servicio. Toda la documentación debe estar a disposición de Medicare, Medicaid y otras compañías de seguros comerciales que la soliciten.

Disponer de estrategias de utilización

> Según la AMDA (2014):
>
> Se espera que las visitas a domicilio se realicen según lo indicado por la literatura médica actual y/o los estándares de la práctica. La frecuencia de las visitas debe ser consistente con la frecuencia en cualquier otro sitio de servicio para ese código. El hecho de que haya una presencia abrumadora de afecciones inactivas o crónicas no constituye una necesidad médica para ningún sitio. Siempre debe haber una queja principal documentada o una necesidad específica razonable y médicamente necesaria para cada visita domiciliaria (AMDA, 2014).

Es importante saber que, aunque tenga toda la documentación registrada con exactitud, seguirá siendo auditado. Mientras atienda a los beneficiarios de las compañías de seguros, éstas tienen derecho a supervisar su documentación para determinar el nivel de atención que reciben sus pacientes. Siga haciéndose las preguntas difíciles antes de visitar a un paciente en su casa. Algunas de ellas son, entre otras, las siguientes:

- ¿Ve esta persona a otros proveedores en la oficina de un proveedor? Si es así, ¿hay dificultades?
- ¿Utiliza el paciente dispositivo de ayuda?
- ¿Qué distancia camina el paciente antes de que aparezca la disnea o la desaturación?
- ¿Está el paciente confinado en la cama?
- ¿Existe familiar involucrado?
- ¿Cuál es el nivel de agudeza del paciente? ¿Cuántas comorbilidades tiene?

Mi historia: A menudo recibo llamadas de familiares que dicen que sus seres queridos tienen PCP, pero el ser querido no puede salir a ver al PCP debido a X. Esto es importante; usted quiere documentar su nota en consecuencia y enviar la nota al PCP del paciente. Esto demostrará que usted no está solicitando o tratando de robar los pacientes de otros proveedores. La mayoría de las llamadas de consulta única como ésta provienen de mi sitio web.

Le sugiero encarecidamente que se asegure de que un paciente de Medicare que requiera una visita a domicilio reciba una evaluación telefónica exhaustiva antes de realizar la visita. El triaje telefónico puede ser una simple lista de preguntas como (1) ¿Conduce usted? (2) ¿Utiliza algún dispositivo de ayuda para la deambulación? y (3) ¿Recibe oxígeno? Sugiero una simple línea de preguntas antes de visitar al beneficiario de la Parte B de Medicare porque si usted puede determinar si el paciente está realmente confinado en casa antes de hacer una visita a domicilio, esto no sólo le ahorrará una visita desperdiciada, sino que evitará un resultado negativo durante una auditoría de necesidad médica.

Capítulo 16

Lagniappe de Luisiana

"No hay un camino real y florido hacia el éxito. Y si lo hay, no lo he encontrado. Porque si he logrado algo en la vida, es porque he estado dispuesto a trabajar duro."

—Madam C.J. Walker

Ya han pasado 10 años de práctica para mí, y ha sido una gran carrera. He aprendido mucho sobre mí mismo como persona y como clínico. Nunca empecé a ser propietario de un negocio. Sinceramente, sólo quería ayudar a la gente y ganar suficiente dinero para comprar unos bocadillos y pagar el alquiler (esto fue antes de casarme). Lo que le pasó a mi carrera con el crecimiento, todos los flujos, me hicieron en general alguien mejor. No me arrepiento de nada. Puedo decir sinceramente, desde mi parte más visceral, que lo volvería a hacer todo de nuevo, porque empecé con una pasión por la gente y un amor por la enfermería. La parte del negocio fue algo contra lo que luché, pero que tuve que aprender si quería seguir vivo y comiendo.

No se hará rico haciendo visitas a domicilio, pero su espíritu se llenará. No tendrá una vista del horizonte de la oficina, pero tendrá a la más linda señora de 105 años vestida con su mejor ropa de domingo con una olla de té de menta dulce esperándole cuando llegue a esa visita a domicilio porque ella sabe que es su favorito. No hay nada mejor.

Para terminar, quiero dejarle algunas reflexiones finales, las cosas más esenciales que debe tener en cuenta en todo momento como profesional de las visitas a domicilio:

- Si va a llegar tarde, pida a su personal que le llame. La mayoría de los pacientes faltarán a B-I-N-G-O para esperarle.
- Si no puede llegar a la visita, reprográmela rápidamente.
- No solicite. Esto significa que no se involucre en intentos fraudulentos de atraer pacientes a su consulta. Mantenga siempre los ojos abiertos por si hay perros u otros animales que puedan estar al acecho en el barrio. A mí personalmente me han perseguido perros, lobos y abejas.
- Si no se siente seguro, siga conduciendo.
- Tenga cuidado con las sillas cubiertas de tela, los sofás, etc. Estos artículos pueden ocultar las manchas de humedad. Es mejor pararse si no puede determinar fácilmente si hay humedad oculta, especialmente si se

trata de un estampado floral.

- No olvide empacar algunas golosinas saludables si va a tener un viaje largo y no hay muchos lugares para detenerse. Yo suelo llevar una pequeña hielera llena de uvas, granola y agua.
- No dé por sentado que los pacientes confinados en casa no van a ir a los especialistas; deje que ellos decidan. No tenga miedo de considerar el hospicio para sus pacientes. El hospicio es una hermosa opción para los pacientes con diagnósticos terminales cuando la salud en el hogar ya no es una alternativa viable. A menudo remito a los pacientes al hospicio y sigo a esos pacientes una vez que son admitidos en un programa de hospicio.
- Las mascotas también son familia.
- Sea accesible. Está bien que de su número de móvil.
- A veces realizamos recados, escribimos cartas explicando por qué el paciente no puede ser jurado, escribimos cartas por

incapacidad, y más. Cobramos entre 10 y 15 dólares por cada una, dependiendo del paciente. Todo se sopesa en función de cada caso.

- Nos esforzamos por enviar tarjetas de cumpleaños a todos los pacientes.
- Nos esforzamos por enviar tarjetas de pésame a los familiares cuando nuestros pacientes han fallecido. También asisto a algunos funerales cuando es posible.
- Cada hogar tiene una cultura. Hay que respetar cada hogar.
- Esto significa quitarse los zapatos cuando te lo pidan, o respetar las horas del Sabbath cuando corresponda, por ejemplo.
- Diviértase. Beba té y conozca realmente a sus pacientes. Esto es lo más entrañable, tomar té y hablar de la vida, la familia, el cuidado de la salud y las comorbilidades con sus pacientes.

Apéndice

I

Códigos de Facturación

Códigos de Servicio a Domicilio

Los siguientes elementos son los códigos específicos que se utilizan para las visitas al hogar médico de atención primaria únicamente. No utilice los códigos de las visitas al consultorio.

Recuerde también que el código de lugar de

servicio (POS - Place of Service) para las visitas médicas a domicilio es el 12. Estos son los códigos E&M comúnmente utilizados por los, PA, MD, podólogos, y cualquier otra persona que es capaz de evaluar, diagnosticar, planificar, tratar y prescribir medicamentos para un paciente. Si usted es un enfermero o cualquier otra persona que trabaja en la salud en el hogar, estos no son los códigos que usted usaría. La información de codificación que figura a continuación procede de CMS (2013a) y AMDA (2014).

Pacientes nuevos

99341: Visita a domicilio para la evaluación y gestión de un nuevo paciente, que requiere estos tres componentes clave: una historia centrada en el problema, un examen centrado en el problema y una toma de decisiones médicas directas. El asesoramiento y/o la coordinación de la atención con otros médicos, otros profesionales sanitarios cualificados o agencias se proporciona en consonancia con la naturaleza del problema(s) y las necesidades del paciente y/o la familia. Por lo general, los problemas que se presentan son de baja gravedad. Normalmente, se dedican 20 minutos a estar cara a cara con el paciente y/o la familia.

99342: Visita a domicilio para la evaluación y el manejo de un nuevo paciente, que requiere estos tres componentes clave: una historia ampliada centrada en el problema, un examen ampliado centrado en el problema y la toma de decisiones médicas de baja complejidad. El asesoramiento y/o la coordinación de la atención con otros médicos, otros profesionales sanitarios cualificados o agencias se proporciona en consonancia con la naturaleza del problema(s) y las necesidades del paciente y/o la familia. Por lo general, los problemas que se presentan son de gravedad moderada. Por lo general, se dedican 30 minutos a estar cara a cara con el paciente y/o su familia.

99343: Visita domiciliaria para la evaluación y manejo de un nuevo paciente, que requiere estos tres componentes clave: un historial detallado, un examen detallado y la toma de decisiones médicas de complejidad moderada. El asesoramiento y/o la coordinación de la atención con otros médicos, otros profesionales sanitarios cualificados o agencias se proporciona en consonancia con la naturaleza del problema(s) y las necesidades del paciente y/o la familia. Por lo general, los problemas que se presentan son de gravedad moderada a alta. Por lo general, se dedican 45 minutos a estar cara a cara con el paciente y/o la familia.

99344: Visita a domicilio para la evaluación y el tratamiento de un nuevo paciente, que requiere estos tres componentes: una historia completa, un examen exhaustivo y la toma de decisiones médicas de complejidad moderada. El asesoramiento y/o la coordinación de la atención con otros médicos, otros profesionales sanitarios cualificados o agencias se proporciona de acuerdo con la naturaleza del problema(s) y las necesidades del paciente y/o la familia. Por lo general, los problemas que se presentan son de gran gravedad. Por lo general, se dedican 60 minutos a estar cara a cara con el paciente y/o la familia.

99345: Visita domiciliaria para la evaluación y el manejo de un nuevo paciente, que requiere estos tres componentes clave: una historia completa, un examen exhaustivo y la toma de decisiones médicas de alta complejidad. Asesoramiento y/o coordinación de la atención con otros médicos, otros profesionales sanitarios cualificados, o agencias son proporcionados en consonancia con la naturaleza del problema o problemas y las necesidades del paciente y/o de la familia. Por lo general, el paciente es inestable o ha desarrollado un nuevo problema significativo que requiere atención médica inmediata. Normalmente, se dedican 75 minutos a estar cara a cara con el paciente y/o su familia.

Pacientes Establecidos

99347: Visita a domicilio para la evaluación y el manejo de un paciente establecido, que requiere al menos dos de estos tres componentes clave: Una historia de intervalo centrada en el problema, un examen centrado en el problema, una toma de decisiones médicas directas. El asesoramiento y/o la coordinación de la atención con otros médicos, otros profesionales sanitarios cualificados o agencias se proporciona en consonancia con la naturaleza del problema(s) y las necesidades del paciente y/o la familia. Por lo general, los problemas que se presentan son autolimitados o menores. Normalmente, se dedican 15 minutos a estar cara a cara con el paciente y/o la familia.

99348: Visita domiciliaria para la evaluación y el manejo de un paciente establecido, que requiere al menos dos de estos tres componentes clave: una historia ampliada del intervalo centrado en el problema, un examen ampliado centrado en el problema, toma de decisiones médicas de baja complejidad. Asesoramiento y/o coordinación de la atención con otros médicos, otros profesionales del servicio sanitario, o agencias son proporcionados en consonancia con la naturaleza del problema(s) y las necesidades del paciente y/o la familia. Por lo general, los problemas que se presentan son de gravedad baja a moderada. Por lo general, se dedican 25 minutos a estar cara a cara con el paciente y/o la familia.

99349: Visita domiciliaria para la evaluación y el tratamiento de un paciente establecido, que requiere al menos dos de estos tres componentes clave: una historia detallada del intervalo, un examen detallado y la toma de decisiones médicas de complejidad moderada. El asesoramiento y/o la coordinación de la atención con otros médicos, otros profesionales sanitarios cualificados o agencias se proporciona en consonancia con la naturaleza del problema(s) y las necesidades del paciente y/o la familia. Por lo general, los problemas que se presentan son de moderada a alta gravedad. Por lo general, se dedican 40 minutos a estar cara a cara con el paciente y/o su familia.

99350: Visita domiciliaria para la evaluación y el manejo de un paciente establecido, que requiere al menos dos de estos tres componentes clave: una historia de intervalo completa, un examen exhaustivo y la toma de decisiones médicas de moderada a alta complejidad. El asesoramiento y/o la coordinación de la atención con otros médicos, otros profesionales sanitarios cualificados o agencias se proporciona en consonancia con la naturaleza del problema(s) y las necesidades del paciente y/o la familia. Por lo general, los problemas que se presentan son de gravedad moderada a alta. El paciente puede ser inestable o puede haber desarrollado un problema nuevo e importante que requiere atención médica inmediata. Por lo general, se dedican 60 minutos a estar cara a cara con el paciente y/o su familia.

Códigos Domiciliarios

La atención domiciliaria se refiere a un centro que proporciona alojamiento, comida y otros servicios de asistencia personal, generalmente a largo plazo. Estos centros, a menudo denominados centros de vida para adultos y centros de vida asistida, no tienen un componente médico. Cuentan con una enfermera o una enfermera diplomada que es la administradora, pero su trabajo consiste en la gestión de casos, la gestión de riesgos y la garantía de calidad, por nombrar algunas. Estos administradores no administran medicamentos ni curan heridas. Si se necesita alguno de estos servicios, el centro lo contratará a terceros.

La siguiente información de codificación fue recuperada del CMS (2013a) y de la AMDA (2014).

Nuevos Pacientes

99324: Visita domiciliaria o de descanso para la evaluación y el manejo de un nuevo paciente, que requiere estos tres componentes clave: una historia centrada en el problema, un examen centrado en el problema y una toma de decisiones médicas directas. El asesoramiento y/o la coordinación de la atención con otros médicos, otros profesionales sanitarios cualificados o agencias se proporciona en consonancia con la naturaleza del problema(s) y las necesidades del paciente y/o la familia. Por lo general, los problemas que se presentan son de baja gravedad. Por lo general, se dedican 20 minutos al paciente, la familia y/o el cuidador.

99325: Visita domiciliaria o en casa de reposo para la evaluación y el manejo de un nuevo paciente, que requiere estos tres componentes clave: una historia ampliada centrada en el problema, un examen ampliado centrado en el problema y la toma de decisiones médicas de baja complejidad. El asesoramiento y/o la coordinación de la atención con otros médicos, otros profesionales sanitarios cualificados o agencias se proporciona en consonancia con la naturaleza del problema(s) y las necesidades del paciente y/o la familia. Por lo general, los problemas que se presentan son de gravedad moderada. Por lo general, se dedican 30 minutos al paciente, la familia y/o el cuidador.

99326: Visita domiciliaria o en casa de reposo para la evaluación y gestión de un nuevo paciente, que requiere estos tres componentes clave: una historia detallada, un examen detallado y la toma de decisiones médicas de complejidad moderada. El asesoramiento y/o la coordinación de la atención con otros médicos, otros profesionales sanitarios cualificados o agencias se proporciona en consonancia con la naturaleza del problema(s) y las necesidades del paciente y/o la familia. Por lo general, los problemas que se presentan son de gravedad moderada a alta. Por lo general, se dedican 45 minutos al paciente, la familia y/o el cuidador.

99327: Visita domiciliaria o en casa de reposo para la evaluación y gestión de un nuevo paciente, que requiere estos tres componentes clave: una historia completa, un examen exhaustivo y la toma de decisiones médicas de complejidad moderada. El asesoramiento y/o la coordinación de la atención con otros médicos, otros profesionales sanitarios cualificados o agencias se proporciona en consonancia con la naturaleza del problema(s) y las necesidades del paciente y/o la familia. Por lo general, los problemas que se presentan son de gran gravedad. Por lo general, se dedican 60 minutos al paciente, la familia y/o el cuidador.

99328: Visita domiciliaria o en casa de reposo para la evaluación y gestión de un nuevo paciente, que requiere estos tres componentes clave: una historia completa, un examen exhaustivo y la toma de decisiones médicas de alta complejidad. El asesoramiento y/o la coordinación de la atención con otros médicos, otros profesionales sanitarios cualificados o agencias se proporciona en consonancia con la naturaleza del problema o problemas y las necesidades del paciente y/o de la familia. Por lo general, el paciente es inestable o ha desarrollado un nuevo problema significativo que requiere atención médica inmediata. Normalmente, se dedican 75 minutos al paciente, la familia y/o el cuidador.

Pacientes Establecidos

99334: Visita domiciliaria o en casa de reposo para la

evaluación y el manejo de un nuevo paciente, que requiere al menos dos de estos tres componentes clave: una historia de intervalo centrada en el problema, un examen centrado en el problema, la toma de decisiones médicas directas. El asesoramiento y/o la coordinación de la atención con otros médicos, otros profesionales sanitarios cualificados o agencias se proporciona en consonancia con la naturaleza del problema(s) y las necesidades del paciente y/o la familia. Por lo general, los problemas que se presentan son autolimitados o menores. Por lo general, se dedican 15 minutos al paciente, la familia y/o el cuidador.

99335: Visita domiciliaria o en casa de reposo para la evaluación y el manejo de un paciente establecido, que requiere al menos dos de estos tres componentes clave: una historia clínica ampliada centrada en el problema, un examen ampliado centrado en el problema, toma de decisiones médicas de baja complejidad. El asesoramiento y/o la coordinación de la atención con otros médicos, otros profesionales sanitarios cualificados o agencias se proporciona en consonancia con la naturaleza del problema(s) y las necesidades del paciente y/o la familia. Por lo general, los problemas que se presentan son de complejidad baja a moderada. Por lo general, se dedican 25 minutos al paciente, la familia y/o el cuidador.

99336: Visita domiciliaria o en casa de reposo para la evaluación y el manejo de un paciente establecido, que requiere al menos dos de estos tres componentes clave: una historia de intervalo detallada, un examen detallado y la toma de decisiones médicas de complejidad moderada. El asesoramiento y/o la coordinación de la atención con otros médicos, otros profesionales sanitarios cualificados o agencias se proporciona en consonancia con la naturaleza del problema(s) y las necesidades del paciente y/o la familia. Por lo general, los problemas que se presentan son de gravedad moderada a alta. Por lo general, se dedican 40 minutos al paciente, la familia y/o el cuidador.

99337: Visita domiciliaria o en casa de reposo para la evaluación y el manejo de un paciente establecido, que requiere dos de estos tres componentes clave: una historia de intervalo completa, un examen exhaustivo, la toma de decisiones médicas de moderada a alta complejidad. El asesoramiento y/o la coordinación de la atención con otros médicos, otros profesionales sanitarios cualificados o agencias se proporciona en consonancia con la naturaleza del problema(s) y las necesidades del paciente y/o la familia. Por lo general, los problemas que se presentan son de gravedad moderada a alta. El paciente puede ser inestable o puede haber desarrollado un problema nuevo e importante que requiere atención médica inmediata. Por lo general, se dedican 60 minutos al paciente, la familia y/o el cuidador.

Examen Físico Inicial Preventivo

La siguiente información sobre el examen físico preventivo inicial y la visita anual de bienestar procede del artículo "*Billing and Coding for the Medicare Annual Wellness Visits*" (Ziehm, 2012).

G0402: Examen físico preventivo inicial, cara a cara con el paciente; este servicio es para los nuevos beneficiarios de Medicare y debe realizarse dentro de los primeros 12 meses de inscripción en Medicare. No se trata de un examen físico, aunque el proveedor mide y registra las constantes vitales básicas, pero el paciente también es elegible para un chequeo de electrocardiograma (G0403-G0405) y una ecografía de aneurisma aórtico (AAU) si cumple con ciertas pautas para estos servicios. Esta prestación, a menudo denominada "chequeo de bienvenida a Medicare", sólo se paga una vez en la vida del afiliado. Si un paciente no aprovecha la visita de bienvenida a Medicare dentro de su primer año de afiliación a Medicare, el paciente pierde el beneficio de la visita de bienvenida, y nunca podrá recuperarlo.

Visita Anual de Bienestar

G0438: A G0438: Visita anual de bienestar; incluye un Plan de Prevención Personalizado de Servicio (PPPS), visita inicial. Una vez que el paciente ha tenido la visita de bienvenida a Medicare, deben pasar 11 meses completos antes de que el paciente sea elegible para la visita inicial de bienestar anual (AWV). Esta visita puede realizarse en cualquier momento de la vida del paciente, pero sólo puede realizarse una vez. Si un paciente no tuvo la visita de bienvenida a Medicare dentro de ese primer año de inscripción en Medicare, sigue siendo elegible para la AWV inicial en cualquier momento de su vida.

En la AWV inicial, el profesional sanitario realizará todos los componentes clave de la visita y registrará y discutirá los resultados con el paciente. Juntos, el profesional y el paciente diseñarán un plan de bienestar y un programa de exámenes para ayudar a mantener o mejorar la salud del paciente. Los elementos clave incluyen:

1. Establecimiento del historial médico/familiar del paciente;

2. Medición de la altura, el peso, el IMC (índice de masa corporal), la presión arterial y otras mediciones rutinarias que se consideren apropiadas, según los antecedentes médicos y familiares del paciente;

3. Listado de los proveedores actuales y de los suministradores (de suministros para diabéticos, por ejemplo) que prestan atención regularmente;

4. Detección de cualquier deterioro cognitivo que pueda tener el paciente;

5. Revisión de los posibles factores de riesgo de depresión del paciente;

6. Revisión de la capacidad funcional y del nivel de seguridad del paciente, basada en la observación directa del mismo;

7. Establecimiento de un programa de detección por escrito para el paciente, como una lista de control para los próximos 5-10 años;

8. Establecimiento de una lista de factores de riesgo y condiciones contra las que se recomiendan o están en marcha intervenciones primarias, secundarias o terciarias para el paciente, incluyendo cualquier condición de salud mental o cualquier factor de riesgo o condición de este tipo que se haya identificado

a través de un examen físico preventivo inicial (IPPE), y una lista de opciones de tratamiento y sus riesgos y beneficios asociados; y

9. La prestación de asesoramiento sanitario personalizado al paciente y la derivación, según proceda, a servicios o programas de educación sanitaria o asesoramiento preventivo destinados a reducir los factores de riesgo identificados y a mejorar la autogestión o las intervenciones de estilo de vida basadas en la comunidad para reducir los riesgos para la salud y promover la autogestión y el bienestar.

    Mi historia: *Nuestro EMR tiene todos estos nueve elementos de la AWV como plantilla. Si su RME no lo tiene, puede crearse fácilmente a partir de los requisitos enumerados anteriormente.*

G0439: La AWV incluye un Plan de Servicio de Prevención Personalizado (PPPS), visita posterior. Una vez transcurridos 11 meses completos desde la AWV inicial del paciente (G0438), el paciente pasa a ser elegible para la(s) visita(s) de bienestar posterior(es). El paciente puede solicitar esta visita cada año, pero sólo después de que hayan pasado 11 meses completos. Si intenta facturar antes de que hayan pasado los 11 meses, su solicitud será denegada. Los elementos clave que se realizan durante las AWV posteriores son:

1. Actualización del historial médico/familiar del paciente;
2. Medición de la altura, el peso, el IMC, la presión arterial y otras mediciones rutinarias del paciente, según se considere oportuno, sobre la base de sus antecedentes médicos y familiares;
3. Actualización de la lista de los proveedores médicos actuales del paciente y de los proveedores que intervienen regularmente en la prestación de la atención médica al paciente, tal como se desarrolló en el primer AWV, produciendo el PPPS;
4. Detección de las deficiencias cognitivas que pueda tener el paciente;

5. Actualización del programa de cribado escrito del paciente, tal y como se desarrolló en la primera AWV, proporcionando PPPS;
6. 6. Actualización de la lista de factores de riesgo y afecciones para las que se recomiendan o están en curso intervenciones primarias, secundarias o terciarias para el paciente, tal y como se elaboró en la primera VTA, proporcionando PPPS; y
7. Suministro de consejos de salud personalizados adecuados al paciente y derivación, si procede, a servicios o programas de educación sanitaria o asesoramiento preventivo.

Códigos Adicionales de Salud en el Hogar

Los siguientes códigos son los que el médico utiliza para facturar a las compañías de seguros para firmar el 485. La facturación de estos códigos es algo que usted puede hacer por su médico como cortesía o dárselos al médico para que su propio facturador los procese.

G0179: El código de recertificación, G0179, puede presentarse cuando el médico firma la certificación (es decir, vuelve a certificar la necesidad del paciente de recibir atención sanitaria a domicilio) después de que el paciente haya recibido los servicios durante al menos 60 días (o un periodo de certificación). El código G0179 debe notificarse sólo una vez cada 60 días, excepto en la rara situación de que un paciente comience un nuevo episodio antes de los 60 días y requiera un nuevo plan de atención. El importe permitido por Medicare para este servicio (sin ajustar geográficamente) es de 61,21 dólares. (Moore, 2001, p. 16)

G0180: El código de certificación, G0180, es reembolsable sólo si el paciente no ha recibido servicios de salud a domicilio cubiertos por Medicare durante al menos 60 días. (El importe permitido por Medicare para este servicio (sin ajustar geográficamente) es de 73,07 dólares. El servicio incluye lo siguiente:

- Revisión de los informes iniciales o posteriores del estado del paciente,

- Revisión de las respuestas del paciente al instrumento de evaluación Oasis,

- Contacto con la agencia de salud en el hogar para determinar el plan de atención de implementación inicial, documentación en el registro del paciente. (Moore, 2001, p. 16)

Apéndice

II

Negocios Exitosos de Visitas A Domicilio

Quería incluir información sobre consultas de atención domiciliaria propiedad de NP/PA que tuvieran éxito, porque cuando empecé, sólo pude localizar una o quizás dos. Encontrar estas prácticas fue lo más difícil. Las siguientes prácticas son sólo un puñado, pero te darán una idea de cómo son algunas prácticas exitosas. Vaya a sus sitios web y eche un vistazo. Aquí hay algunos fragmentos de sus páginas.

Advanced Medical House Calls, PLC

(www.advancedmedicalhousecalls.com)

Propietarios: Laura Wilkerson, APRN, y el Dr. Mark Wilkerson, MD DO

Ubicación: Michigan

Advanced Medical House Calls es consciente de que no hay lugar como el hogar y por eso ofrece una atención médica integral a domicilio que minimiza la necesidad de hospitalizaciones, rehospitalizaciones o ingresos en centros de atención a largo plazo, como residencias de ancianos y centros de rehabilitación especializados. Proporcionan a los clientes que no pueden salir de casa una atención médica cómoda y de alta calidad en la comodidad, privacidad y seguridad de su propio hogar. Sus proveedores le proporcionarán un amplio espectro de personal y atención médica de la más alta calidad disponible.

Consultorios Médicos Accesibles

(www.affordablehousecalls.com)

Propietario: Niesha Richardson, APRN Ubicación: Indiana

Affordable Medical Consultants, LLC, se basa en la creencia de que las necesidades de nuestros clientes son de suma importancia. Todo nuestro equipo está comprometido a satisfacer esas necesidades. Como resultado, un alto porcentaje de nuestro negocio es de los clientes de la repetición y referencias.

Affordable Medical Consultants entiende que visitar a los pacientes en su lugar de residencia no sólo es una buena medicina; ¡también es bueno para el alma! Su objetivo es proporcionar una atención integral, continua y de alta calidad a los pacientes en su hogar, ya sea la casa de la familia, la residencia de ancianos, el centro de vida asistida, los apartamentos para mayores o la casa de acogida.

La misión de Affordable Medical Consultants es proporcionar una excelente atención médica y personal en un entorno cómodo: ¡su casa!

Berkshire Mobile Practice

(www.berkshiremobilemedicine.com)

Propietarios: Jeff Kellogg, PA, y el Dr. Charles D'Agostino, MD

Ubicación: Massachusetts

La visión que los guiaba era la de crear una consulta médica que atendiera a los pacientes mayores y/o frágiles en la comodidad de sus propios hogares. Comprenden que, para muchos, acudir a una cita con el médico de atención primaria puede suponer una dificultad económica y física. Al atender a los pacientes en sus casas, esperan minimizar estos factores.

Health at Home Consultants

(www.healthathomeconsultants.com)

Propietarios: Cynthe Dumler, APRN, y Jamie Peters, APRN

Ubicación: Nebraska

Health at Home Consultants es el primer consultorio a

domicilio propiedad de una enfermera en el estado de Nebraska. Se especializan en brindar atención médica de alta calidad y rentable a la población geriátrica en su entorno domiciliario. Sus enfermeras ofrecen un valioso servicio a las personas confinadas en casa, lo que resulta en un nicho perfecto para la atención domiciliaria.

El objetivo de Health at Home Consultants (HAH) es proporcionar medicina a domicilio en una de las áreas de la asistencia sanitaria que más rápidamente se está expandiendo. Ofrecen una atención compasiva y coordinada con todo el equipo sanitario; una atención considerada para evitar hospitalizaciones innecesarias mediante visitas programadas con regularidad, y disponibilidad para necesidades de última hora en el entorno doméstico. Health at Home Consultants puede desempeñar un papel importante en la ampliación de la asistencia sanitaria, fijando nuestra mirada en lo que es mejor para el futuro de nuestros pacientes.

Manhattan House Calls

(www.medhousecalls.com)

Propietario: Denis Tarrant, APRN Ubicación: Nueva

York

Denis Tarrant es un enfermero certificado en salud de adultos. Fundada en 2004, Manhattan House Calls ha realizado más de 20.000 visitas médicas a domicilio, y sigue proporcionando una atención de alta calidad y rentable a los pacientes confinados en casa. Deniss forma parte de la Junta Directiva de la Asociación de Enfermeros Profesionales del Estado de Nueva York. También es instructor clínico de muchas universidades y colegios importantes. Recientemente, Manhattan House Calls, fue nombrada entre las mejores prácticas de enfermería del país por onlinenursepractitionerprograms.com. Es bien conocido dentro de su comunidad por su alta calidad y atención integral.

Apéndice

III

Fuentes Adicionales

Academia Americana de Medicina Domiciliaria

(Information from www.aahcm.org)

Desde 1988, la Academia Americana de Medicina Domiciliaria ha atendido las necesidades de miles de médicos y profesionales afines y agencias interesadas en mejorar la atención a los pacientes en el hogar.

Los voluntarios y miembros de la Junta Directiva de la Academia trabajan para reducir las barreras y mejorar la educación de la práctica. Entre los éxitos más notables se encuentran: el fomento de un mayor reembolso, el patrocinio de múltiples seminarios educativos y científicos, y el suministro a la comunidad de la práctica de una variedad de publicaciones útiles.

Entre los miembros de la Academia se encuentran los médicos de atención domiciliaria, que realizan visitas a domicilio, atienden a pacientes confinados en casa, actúan como directores médicos de agencias de atención domiciliaria o remiten pacientes a estas agencias. Las especialidades incluyen la medicina interna, la medicina de familia, la pediatría, la geriatría, la psiquiatría y la medicina de urgencias, entre otras.

Otros miembros son directores de agencias de organizaciones de atención domiciliaria grandes y pequeñas con visión de futuro, directores médicos de planes de atención gestionada, profesionales de enfermería que realizan visitas a domicilio, asistentes médicos y administradores de grupos médicos interesados en la atención domiciliaria.

Los miembros proceden de todos los Estados Unidos. También tenemos algunos miembros internacionales. La Academia da la bienvenida a los estudiantes afiliados y a los miembros patrocinadores corporativos de una variedad de campos de interés.

¿Es usted un profesional de la enfermería que se ha preguntado alguna vez cómo iniciar una práctica de atención domiciliaria? ¿Se ha preguntado alguna vez cómo cobrar por hacer visitas a domicilio? ¿Alguna vez ha querido saber cómo incorporar la HIT (tecnología de la información sanitaria) en una consulta de atención domiciliaria? Si ha respondido "Sí" a cualquiera de estas preguntas, entonces el curso de atención domiciliaria de Advanced Clinical Consultants, impartido por la Dra. Scharmaine

Lawson, NP, es el programa para usted. El curso de atención domiciliaria fue diseñado para equipar a las enfermeras y otros profesionales de la salud con las habilidades esenciales necesarias para iniciar una práctica de guardia domiciliaria. El profesional de la enfermería obtendrá conocimientos críticos sobre cómo incorporar las llamadas a domicilio en una práctica médica ya existente, o cómo iniciar una práctica independiente de llamadas a domicilio.

El objetivo del curso de atención domiciliaria es equipar al profesional con todas las herramientas necesarias para establecer una práctica de atención domiciliaria exitosa a través de una experiencia de atención domiciliaria en vivo junto con la educación didáctica. La AANP ofrece 16 CEUs para los profesionales de la enfermería. Para obtener información adicional sobre las fechas y el coste, vaya a www.DrLawsonNP.com y haga clic en la pestaña The Housecall Course.

Referencias

American Association of Nurse Practitioners. (2013). Improve Medicare patient access to home health services. Extraído de http://www.aanp.org/images/documents/federal-legislation/issuebriefs/issue%20brief%20-%20improve%20medicare%20patient% 20access.pdf

American Medical Directors Association. (2014). Draft letter to WPS Medicare. Extraído de www.amda.com/publications/StateChapter.pdf

Blocker, J. (2010). A history of digital radiography. Extraído de http://ezinearticles.com/?A-History-of-Digital-Radiography&id=460027

Centers for Medicare & Medicaid Services. (2012). The national provider identifier (NPI): What you need to know. Extraído de http://www.cms.gov/Out reach-and-Education/Medicare-Learning-Network-MLN/MLNProducts/Downloads/ NPIBooklet.pdf

Centers for Medicare & Medicaid Services. (2013a). Services incident to a physician's service to homebound patients under general physician supervision. Extraído de https://www.cms.gov/Regulations-and-Guidance/Guidance/Manuals/downloads/ bp102c15.pdf

Centers for Medicare & Medicaid Services. (2013b). Homebound status. Extraído de http://www. cms.gov/Regulations-and-Guidance/Guidance/ Manuals/downloads/bp102c07.pdf

Centers for Medicare & Medicaid Services. (2014). Non- Physician Practitioner (NPP) Payment for Care Plan

Oversight. Extraído de http://www.cms.gov/ Regulations-and-Guidance/Guidance/Transmittals/ downloads/R999CP.pdf

Conant, R. (2013). Home health legislation reintroduced in U.S. House, ensures better patient access to care, removes barriers for nurses as qualified providers. Extraído de http://www.capitolupdate.org/index.php/2011/06/home-health-legislation-reintroduced-in-u-s-house-ensures-better-patient-access-to-care-removes-barriers-for-nurses-as-qualifed-providers

Elmblad, S. (2014). EOB: Explanation of Benefits. Extraído de http://financialsoft.about.com/od/glossaryindexe/g/EOB_def.html

Emanuel, E. (2013). Thehousecallis"makingacome- back". Extraído de http://www.advisory.com/daily-briefing/2013/09/10/the-house-call-is-making -a-comeback

Entrepreneur. (2014a). An introduction to business plans. Extraído de http://www.entrepreneur.com/article/ 38290

Entrepreneur. (2014b). Subchapter S corporation. Extraído de http://www.entrepreneur.com/encyclopedia/subchapter-s-corporation

MedicineNet. (2014a). HIPPA definition. Extraído de http://www.medterms.com/script/main/art.asp?articlekey=31785.

Moore, K. J. (2001). An update on certifying home health care. *Family Practice Management, 8*(5), 16.

Reimbursement Task Force "Resident to" Work Group. (2012). Understanding Medicare Part B incident to billing: A fact sheet. *Journal of Wound, Ostomy and Continence Nursing, 39*(2S), S17–S20. Extraído de http://journals.lww.com/jwocnonline/Fulltext/2012/03001/Understanding_Medicare_Part_B_Incident_To_Billing_.5.aspx

Rouse, Margaret. (2011). DICOM (digital imaging and communications in medicine). Extraído de Healthcare IT Glossary: http://whatis.techtarget.com/ definition/DICOM-Digital-Imaging-and-Communi- cations-in-Medicine

Shulman, R. (2007). New Yorkers feel right at home with house calls. Extraído de http://www.washington post.com/wp-dyn/content/article/2007/03/13/ AR2007031301485.html

Unwin, B. K., Andrews, C. M., Andrews, P. M., & Hanson,

J. L. (2009). Therapeutic home adaptations for older adults with disabilities. *American Family Physician, 80*(9), 963–968.

Unwin, B. K., & Tatum, P.E. (2011). House calls. *American Family Physician, 83*(8), 925–931.

Web Finance. (2014). Team, definition. Extraído de Business Dictionary: http://www.businessdictionary.com/definition/team.html

Webopedia. (2014). Search engine optimization. Extraído de http://www.webopedia.com/TERM/S/SEO.html

Yudkin, M. (2014). Business names really do matter. Extraído de http://resources.saylor.org.s3.amazonaws.com/BUS/BUS203/BUS203-5.2_Business-Names-Really-Do-Matter_files/BUS203-5.2_Business-Names-Really-Do-Matter.html

Ziehm, A. (2012). Billing and coding for the medical annual wellness visits. Extraído de http://www. mbrbilling.com/blog/bid/133349/Billing-and-Coding-For-the-Medicare Annual-Wellness-Visits

Sitios Web

1. American Association of Nurse Practitioners: www.aanp.org El sitio web más completo para los profesionales de la enfermería que incluye recursos sobre CEUs, legislación y conferencias.
2. Medical Economics: www.medicaleconomics.com Una fuente sólida y de confianza para cualquier clínico en activo.
3. Physicians Practice: www.physicianspractice.com. Una gran fuente de negocio para cualquier clínica.
4. Family Practice Medicine: www.familypracticemedicine.com. Un gran sitio para obtener sólidos consejos de negocios para el clínico. Ahora aceptan proveedores no médicos en la organización.
5. Prescribers Letter: www.prescribersletter.com

   Es una forma rápida de recibir CEUs cuando estés moviéndote de aquí a allá.
6. SFax: www.sfaxme.com

Esto nos ha ayudado en nuestra transición a una oficina libre de papeles.

7. Dropbox: www.dropbox.com

   Me encanta este sitio. Puedes almacenar todos los documentos en varios dispositivos, algo imprescindible cuando estás en movimiento.

Otros Libros

De La Dra. Scharmaine Lawson

Nola The Nurse® She's On The Go Series Vol 1 (available in Spanish and French)

Nola The Nurse® & Friends Explore The Holi Fest She's On The Go Series Vol 2

Nola The Nurse® Activity Book for Preschool Vol 1

Nola The Nurse® Activity Book for Kindergarten Vol 2

Nola The Nurse® Math Worksheets for Kindergarten Vol 3

Nola The Nurse® English/Sight Worksheets for Kindergarten Vol 4 Nola The Nurse® Math/English Worksheets for Preschoolers Vol 5 Nola The Nurse® Math Worksheets for First Graders Vol 6 Nola The Nurse® STEM Activity Book for 5-8-year-old Vol 7

Nola The Nurse® & Friends Explore The Holi Fest She's On The Go Series Vol 2 Coloring Book

Nola The Nurse® Remembers Hurricane Katrina Special Edition

Nola The Nurse® Remembers Hurricane Katrina Special Edition Coloring Book Black Dot

Literatura:

Visitas A Domicilio 101: El único libro que necesitará para 'comenzar su práctica médica, Parte 1.

Visitas A Domicilio 101: Parte 2. La guía completa del médico para la atención sanitaria a domicilio, los servicios de telemedicina y el tratamiento a distancia para un mundo pospandémico

Manual de políticas y procedimientos de Visitas A Domicilio 101

Historias de la cultura: Racismo, prejuicios y discriminación en enfermería (Próxima publicación).

www.ingramcontent.com/pod-product-compliance
Ingram Content Group UK Ltd.
Pitfield, Milton Keynes, MK11 3LW, UK
UKHW012251290726
14090UKWH00016B/592

9 781945 088445